タエヌの
スピリチュアル日記

タエヌ

たま出版

はじめに

本書は、２００７年2月20日よりブログに書いた、スピリチュアルメッセージや日記などを精選してまとめたものです。このブログは、当初、限られた知人のみが読めるように設定していましたが、8月中旬以降は主に一般公開した状態で書いたものです。

本書の内容は、スピリチュアルなことに興味がある方でしたら、どなたにでもわかりやすいと思われる内容となっていますし、また、それなりに深い内容にもなっています。

本書の主題をいくつか挙げますと「物質世界とスピリチュアルな世界とを調和させて生きていく中での大切なこと」「地球がアセンションすることについての情報や実生活への生かし方」「さまざまな状況における理想的な選択方法」などとなります。

これらの主題に対して、高次元のスピリットとチャネリングすることによる自動書記に近い状態で書き下ろしたスピリチュアルメッセージ、スピリチュアルな内容、パーソナルな日記などによって書き表しています。

もう少し本書の内容を詳しく書きますと、「私や家族の紹介」から始まり、「シリウス星やプレアデス星団などの宇宙における高次元の存在や、神霊界における高次元のスピリットからのメッセージ」「アセンションも意識しての、スピリチュアルライフを実践した日記」「物質世界とスピリチュアルな世界、および三次元と高次元においての価値観について」「波動の法則やカルマの法則などの宇宙の法則について」「スピリチュアル関連の説明」「宇宙の法について」などとなります。

本書をお読みいただく際に、ぜひ留意していただきたいと思っていることがあります。それは、心に残る内容に関しては心に留めて実生活に生かしていただき、あまりピンとこない内容に関しては心から削除していただいて、なんとなくわかったようなそうでないような内容に関しては保留にしていただくなど、できるだけ自然体で受容していただければ幸いと思います。また、「スピリチュアルメッセージ」に関しては、どのような方が書かせてくれたかとか、事実と歴史的なことがどうであるかということよりも、「メッセージとしての内容がどうであるか」ということに重点を置いていただけることを望みます。

著者名のタエヌとは、著者である私が、前世におけるアトランティス文明の時代に地球上で転生していたときに名乗っていた名前です。その後、地球を中心に何度も輪廻転生を繰り返し、現在は日本人として生まれ、千葉県に在住。妻と中学生以下四人の子どもたちとともに暮らしています。また、アセンションスペースシューリエを開業し、スピリチュアル関係の仕事を行っています。

なお、ブログにおいては、引き続き日記を掲載しています。本書にはほとんど載せていないタエヌの実生活について、何気なく書いた日記、また、その後のタエヌの日記をお読みになりたい方はどなたでも読めるように公開していますので、お気軽にページを開いてみてください。http://www.shuwrie.com

本書に載せてある日記を書き終えた時点では、私の物質的な状態を今の世においての平均的な価値観で表すと「とても厳しい状況である」という表現になるかと思います。しかし、私はもちろんのこと、たぶん家族全員も、普通に生活するには十分な物質を与えていただいていることに「満足して感謝している」というのがストレートな表現になります。そして、より高い理想を描きつつも、足を現実という大地にしっかりとつけた状態で、わくわくすることを選択することを心がけながら、家族6人が幸福感に満ち溢れた中での実生活を送っていることを実感しています。

そんな私や家族の状況を交えつつ、スピリチュアルな内容やスピリチュアルメッセージをメインにして書いた、著者にとっては短期間における魂の成長記録でもある本書タエヌの日記が、読者の皆様にとって、今後の生き方、考え方、あり方の参考になりお役に立てるようでしたら、著者にとってこれ以上の喜びはありません。

Chapter 1

2007年2月20日

5年前までのタエヌ

小・中学生のころ

友達と遊ぶこと大好き。スポーツ大好き。学校大好き。リーダーシップをとることが多く、わりと活発な少年でした。

でも、その半面、気は弱いほうで、時々なよなよもじもじ……。暗い所や人けのない所が怖くて、何かの気配によく怯《おび》えていました。人ごみの中、特に都会のデパートに行ったり地下鉄に乗ったりした後、激しい頭痛や発熱におそわれることしばしば……。この時は、それが何を意味していたかわかりませんでした。

18歳の時

初めて金縛りを経験。燃えていた体育系の部活を引退し、いくつもの趣味も控えて、受験勉強にそこそこ励みつつ、寝不足が続いていた時でした。今は全くありませんが、30代中頃までの金縛り経験は100回を超えていると思います。ほかにも、幽体離脱、ラップ音を聞くなどの霊体験をしました。怖いというより、とにかく嫌で嫌でたまりませんでした。

20代前半

学生時代は、アルバイトに遊びにスポーツにと、大いに楽しむ毎日。ハメをはずすこともしばしば。最初に就いた仕事は、24時間営業のファミリーレストラン。学生時代も就職してからの2年半の間も、不規則な生活が続きました。

24歳の時、大きな悩みを持った中、本気で自殺を決意して大好きな京都へ――。結局は新幹線の中で改心し、傷心を癒して、逃げずに現実に立ち向かうことを決意する新たなる旅立ちとなりました。このころも、相変わらず金縛り・ラップ音をはじめとした心霊現象を経験し続けましたが、10代のころはほとんど深夜だったのに、昼夜問わず起こるようになりました。

20代中後半

公立学校で教員として勤務開始。結婚。フルマラソンに野球、釣りに熱帯魚飼育など、趣味も生活も充実していました。しかしその半面、ギャンブルにはまって妻に大迷惑をかけたり、短気なところや心配・不安症などによりネガティブになったりすることがしばしば。そんな中、頭痛・腰痛・アレルギー（特に花粉症）などで薬が手放せない毎日。このころになると、心霊現象は減ってきましたが、心霊現象を引き起こしている霊が訴えていることや霊の状況、何かを感じる場所の霊的状況などが少しずつわかるようになってきました。

30代半ば

子どもを三人授かり、父親としての自覚が出てきたのか、不規則な生活は極端に減ってきて、早寝早起きの習慣が身についてきました。職場では子どもたちや職員や保護者とも順調で充実した日々を過ごしていましたが、ある時、担任していた一人の子どもの保護者との初めての大きなトラブルがありました。結果的には私の示した状況に収まりましたが、半年くらい続いたこの状況の中で鬱《うつ》状態になり、初めて精神科で診療を受けて、もらった薬を2回飲みました。このころは、それまで以上によく未成仏霊を見ましたし、霊的状況がさらにわかるようになりました。お酒を飲んでいる時など、一瞬意識を失い、自分が思ってもいない言葉を発することがあり、不調和を起こすこともありました。当時はまだ、私が憑依体質であり憑依を受けてのこととは知らずにいました。

30代後半

38歳（今から5年前）の夏、レイキ3までの伝授を受けました。この時の仕事は、小学校の担任。勤務中の休み時間に電話でレイキ伝授の予約を入れ、1カ月後に伝授を受けられると決まった瞬間から、私の周りが光に満ちてまぶしいくらいに輝き始めました。結果、ちょっと厳しい先生だったのが、ほがらかなやさしい先生に。子どもたちはそう感じたかもしれません。そして、待ちに待ったレイキの伝授。この日を境に私の状況は大きく変わりました。

2007年2月20日

現在のタエヌ

レイキとは……

宇宙エネルギーを使ったヒーリングテクニックです。アチューンメント（伝授）を受ければ、宇宙にあまねく存在する癒しのエネルギー、レイキにつながり、誰でも使えるようになるといわれるヒーリングテクニックです。

伝授を受ける数年前に書籍によってレイキを知りましたが、料金が少々高いと感じていたり、誰でも簡単に身につくという点を疑問に思ったりしていたので、躊躇していました。でも、伝授を受けてみてびっくり。まさかこんなに自分が変われるなんて……。

現在の私におけるレイキの位置づけ

スピリチュアルなことを自分の人生に生かすこと。そしてできるだけ多くの人のためにお役に立つようになること。さらにさまざまなスピリット（霊界・仏界・神界・高次元の宇宙のみなさん）とつながり交流すること。そんな現状の私のお仕事をするに至るきっかけになったことでもあり、ヒーリングテクニックの大切なものの一つでもあります。

レイキの伝授を受けた時を転機に、約5年という歳月の中、徐々に変わったこともあれば、奇跡のように一気に変わったこともあります。そんな大きく変わった自分の現状について――。

健康面

頻繁にあった頭痛・発熱・吐き気・腰痛・アレルギー症状（花粉症・じんましん・肌荒れなど）の症状がほとんどなくなった。またそういった関連の薬は一切必要なくなった。暑さにも寒さにも強くなった。病気という症状とは全く無縁になった…などなど。

精神面

大嫌いだった自分を大好きになった。心が寛大になった。多くのことを許せるようになった。感謝、感謝の毎日になった。何事もシンプルにとらえられるようになった。前向きになった。取り越し苦労（心配・不安）やイライラが少なくなった。人のお役に立ちたいということがすべての気持ちの基本になった。家族に隠し事を一切しなくなった……などなど。

仕事

２００４年６月に公務員を辞職し、現在はスピリチュアルアドバイスをメインに、レイキの伝授やヒーリング、神道フーチ、パワーストーンの販売等を自営で行っている。自分が今世を生きている目的を果たすための仕事として天職であると思いこんでいた教員よりも、さらにわくわくする仕事を選択することができた。

スピリチュアルなこと

高次元のスピリットとつながり、さまざまなメッセージを受け取れるようになった。低級霊（未成仏霊や魔）からの影響を受けにくくなった。金縛りや嫌な心霊現象は一切なくなった。除霊や浄霊ができるようになった……など。

もともと宗教とはほとんど無縁な家庭環境に育ち、合掌するのはお墓参りと神社やお寺さまでお願い事をするときくらい。感謝とか慈しみとか、そういったたぐいの言葉は恥ずかしくて言えなかったし、人が言うのを聞いて、よく恥ずかしくないなあとも思うことがありました。しかし今では、地球上のすべてのものや神仏や霊界の方々や宇宙に対して等、すべてに対して感謝をする毎日で、言葉でも日常的に表現するようになりました。神棚やお仏壇などを通して合掌しお祈りをする毎日。そして、普通に生活をしている4児の父親。妻も子も理解してくれて、いっしょにスピリチュアルライフを楽しむ毎日。スピリチュアルライフとはいっても、それほど特別なものではなく、多分多くのご家庭よりはスピリチュアルなことを実生活に多く取り入れていて、そんな観点で物事を考えることが少し多いという感じなのだと思っています。

Chapter 2

2007年2月21日

息子の邪気祓い

昨日のこと。予定より早く中学1年の息子が帰宅。本来は部活があるし、まだ授業中のはず。理由はインフルエンザと風邪が1年生の中で流行してしまい、欠席者や早退者が続出したため、臨時で早い帰宅に至ったとのこと。

それにしてもその時の息子には、いつも以上にたくさんの邪気（マイナスエネルギー）がついていた。今回の息子の邪気は、中学校の生徒や職員、さらに場所も関係したほかからの「もらい邪気」である。

早速息子に、今日はいつも以上にたくさんの邪気がついていることを伝え、すぐに風呂へ入ったほうがよいとアドバイス。ここ数年、わが家ではそんなに珍しくはない会話。息子はその意味をよくわかっているし、何よりも私がこう指摘したときにお風呂に入り、ゆっくりと温まった後、しっかりと体を洗うとすっきりするということ。そして体の不調や病気といわれる症状に至らずに回復に向かうことが、経験上よくわかっている。

息子は今朝、いつものようにすっきりした顔で起きて、部活の朝練習に参加するために家を出た。

ぬるいお湯のお風呂にゆっくりとつかる。できれば汗をかくくらい入ったほうがよい。そして、いつも以上にしっかりと体を洗う。そんな簡単にできる入浴法が、邪気を祓うためにはとても有効な手段の一つである。水の浄化力はやはりすごい。汗をかくことにより、体内の邪気を外に出してくれる。ゆったりすることで気持ちがポジティブになり、さらに浄化される。しめくくりは表面についた邪気を洗い流す。特別なことではないが、だるいとき、疲労感が強いとき、体調を崩しかけたときなど、意識的に行うようにすると効果が高い。この入浴法はお勧めである。

２００７年２月22日
昨日の出会いによりさらに実感できたこと

今世生まれてきた目的や方向性がわかったことを実感して、なんともいえない至福な感覚を得た。

私は、できるだけ多くの人がそんな目覚めのときを迎えるためのお役に立ちたい。それが今世、私が生まれてきた目的だと知ったから。

前しか見えない。立ち止まらない。後ろを振り返らない。

私は今、至福な時を過ごしていることを実感している。

２００７年２月27日
わくわく・楽天的・充実感

地球の次元を上げる計画がまたここにきてこれまで以上に急ピッチで進められている。目覚めるべき人はどんどん目覚めていき、出会うべき人同士もどんどん結ばれていく。

宇宙から天上界から……ここ数日間、これまでで最高ともいえるくらいのたくさんの高次元エネルギーが送られていることを実感している。

私たち、それを知った者たちは何をすればよいのか……わくわくする楽しい充実した時を過ごすこと。魔を寄せてしまうような波動を下げる状態をできるだけなくして、波動を上げるように心がけること。

それはとても簡単なことでもあるし、たいへんなことでもある。でも、特別なことではない。

2007年2月28日
波動について

人には誰でも波動の高い状態と低い状態とが必ずあります。

波動が高い状態とは、「わくわくしている」「楽天的でいる」「充実している」「感動している」「感謝している」「慈しみの心でいる」「愛を感じている」など。

波動が低い状態とは、「怒り・心配（不安）・強いエゴ」。これが波動を下げる三大要因。ほかには「ねたみ」「愚痴・悪口」「罪を行う」「偽り」「恐怖」など。

波動が下がってしまっている状態は、すべてが自分の招いたこと。だから、自分自身の波動が下がっていることに「気づくこと」、そして「反省すること」、さらに「解決すること」をすれば、波動を上げることができます。例えば、誰かが急にぶつかってきたとき、一瞬「怒り」を覚えて波動を下げても、わざとではないことを感じて「慈しみの心で許してあげること」をすれば波動は上がります。さらに、相手のごめんなさいの言葉にありがとうの感謝の気持ちを持てば、お互いに波動は急上昇。例えば、誰かに怒りの中で悪口を言われたとき。相手の怒りの感情には触れず、言ってくれている言葉の意味を理解することに専念し、「言ってくれてありがとう」。言ってくれなかったら、その人の気持ちも内容もわからないままだったから。そして、「もっと普通に言ってくれたほうが相手に伝わるのになあ。やさしくなれますように、がんばってね」と、慈しみの思いをかけてあげる。これで波動は高くなり、相手に伝わった思念により、相手をも癒すことにもなります。

ここで、さまざまな心配事・不安事といった波動を下げる大きな要因がわいて出てきた時、波動を上げるための三つの解決策を紹介します。

一つ目は、まだ何も起きていないのに先のことをネガティブに考えてしまう取り越し苦労をしているとき。取り越し苦労は考えても解決しないし、どんどんネガティブの発想の深みにはまってしまう。もし起きたらそのときに考えることにして、今考えるのをやめればよい。これがとても多いはず。

二つ目、今すぐ解決できるなら解決する。目の前で起きていることで謝ったほうがよければ「ごめんなさい」。電話で伝えて調和を図るなど。

三つ目は、今すぐに解決できなくても予定を立てること。例えば、誰かに謝ったほうがよいと思ってもすぐに連絡が取れないとき、「今度会ったら謝ろう」と予定を立てる。

そのほか、どうにも原因はよくわからないけど落ち込んでしまう、いらいらする、むしゃくしゃするなど、波動が下がっていると感じたとき。

とにかく、情緒の状態とは関係なく、波動を上げる最高峰の言霊「ありがとう」の力を借りる。心の中で唱えても声に出してもよい。この言葉を繰り返し唱えるだけで波動は高くなります。

どれだけ長い時間、波動の高い状態でいられるか。どれだけ質の高い波動の状態でいられるか。そして、どれだけ波動が下がった状態の時間を短くするか。どれだけ質を下げずにおさえられるか。それがその人の人格であり、オーラにも現れ、運命を左右します。

人格が高ければ高いほど、魔を寄せつけません。また、もし近づいてきたり多少の影響があったりしても、魔をすぐにはねのけて、御蔭様や天上界や宇宙からのご加護をいただき、恩恵を得られます。

２００７年２月28日
わが家のイルカちゃんたち

宇宙の同志のある方が私にいろいろと伝えてくれていた時のこと。私の次女で６歳の「アマンダ」（仮名）と三女で３歳の「デンプ」（仮名）を「イルカちゃんたち」と称してくれました。その意味は、二人のスピリチュアルな能力がとても高く霊格も高いということだそうです。

このアマンダが、昨日38度後半の発熱で保育園を休みました。発熱は実に２年ぶりのこと。今朝も37度２分あるので２日目のお休みです。

ふと、あの２年前の発熱の時のことを思い出し、振り返ってみました。

保育園では、風邪やインフルエンザが流行して休んだり早退したりする友達が続出。アマンダがそんなある日に言った言葉。「みんないいいな〜。お熱が出るとお迎えに来てもらって早く帰れるんだもん。おうちに帰ったらお布団でずっと寝ていられるし、果物をたくさん食べられるし、テレビもビデオも……」と、病気になることに対する憧れを述べていました。生まれてこの方、病気で苦しい思いをした記憶が全くないといえるほど健康なアマンダの本心でもあり、強い願望でもありました。

翌日、イルカちゃんは願望を実現させました。

お昼前に、保育園から「38度後半の発熱のためお迎えに来てください」という連絡があり、保育園に行くと、アマンダは職員室のベッドで寝ていました。

私の姿を見ると、がばっと起き上がってにやりと笑顔。先生方にあいさつした後、さっさと靴を履いたかと思うと、車へ走って向かっていきました。私が思わず叫んだ言葉。「熱が高いんだったら元気に走るな〜！」

二日間の家での生活は、リビングに敷かれた布団に寝放題。果物の食べ放題。タヒチアンノニジュース（※）の飲み放題。テレビもビデオも見放題。パパもママもとても優しく気遣ってくれる。アマンダが思い描いた夢のような生活。二日間、37〜38度の熱をキープしながらも、食欲もりもりで元気。

でも、普段に比べたらだるさを感じるし食欲もやや落ちているし、外に出て遊ぶことができない。二日目にはつまらないと感じたアマンダは、「お熱が下がってほしい……」と、平熱に戻ることを選択して、翌日朝には平熱になり事態は元に戻りました。

しかし、今回の発熱はちょっと違います。それはアマンダが望んだことではないから。でも、2年前と同じでとても元気です。

アマンダが行かなかったらデンプも行かないと、保育園を休んでいる妹デンプと二人で昨日も今朝も遊びまくり、果物食べまくり、スポーツドリンクやタヒチアンノニジュースの飲みまくりの生活。今朝も朝食をしっかりと食べたのに「りんごむいて〜！」。

今回の発熱の原因を私は知っています。昨日私が書いた日記にある、ここ数日間続いている高い波動・高次元の強いエネルギーを、このイルカちゃんはたっぷりと与えられることが許されるという最高の状態である半面、まだ未成熟な身体がこの高い波動を受けて耐えられる状態には至っていなかったこと。そのためにバランスを崩して、発熱という状態になってしまったということ。

西洋医学の知識では、物質界の常識からは、こんなことを書いても普通は認知されないことは百も承知です。でも、発熱のような、俗に言う病気という状態まで至らなくても、この高い強い良いエネルギーによって体調が崩れるとか、耳鳴りのような現象、軽い頭痛、といった感じで現れることは、実はそんなに珍しくはありません。なぜなら、ここ数年くらいで、そして今も、この地球の波動が、中でも特に日本という国の波動が急加速で上がっているからです。

※タヒチアンノニジュースは、必須アミノ酸全種などの有効成分が多種含まれていて、健康食品としては万能であり肉体を改善するのに最高であると認識しています。私はこの素晴らし

い神からの贈り物を「飲むレイキ」と称しています。また、傷口や皮膚の荒れた部位に塗っても、痛みの緩和や再生の促進に大きな効果が期待できます。わが家ではかれこれ3年以上愛飲しています。

Chapter 3

2007年3月1日

最近芽生えた「チャネラー」としての自覚・責任・役割

チャネラー（霊媒）といっても大きく分けて三つの段階があります。

①入ってきたスピリットに対して、自分を完全にあけわたし、チャネラーの意識が全く働かない状態でスピリットのメッセージをそのまま降ろす状態。

②自分の意識を2〜3割残してスピリットのメッセージを伝える。この状態だと、話し言葉がスピリット個々のものに近くなりますが、自分の意識も残っているので、受け付けない言葉やチャネラー本人の意思とは違うことなどは言わないようになるといっ

た制御ができる状態。

③自分の意識が7～8割ある中でスピリットのメッセージを読み取って伝える。この状態だと、言葉の多くはチャネラー本人のものになります。つまり、あらすじのようなこととか内容の本質とかが伝わってきて、その内容をチャネラー本人の知識や経験の中からわいて出てきた言葉で表現します。ただし時折、読み違えてしまったり、スピリットの伝える内容がはっきりと汲み取れなかったりする場合もありますが、その際にもすぐに修正してもらえることがほとんどです。

私の場合は、①の状態にはしないようにしています。この状態では、高いスピリットか低いスピリットかがわからないので、一歩間違えたらとんでもないことが起きる危険性があるからです。

まだ自分自身が憑依体質であることを認識していなかった時で波動の低いことが多かったころ、お酒を飲んで酔っ払っている際に、怒り・不安・心配といった情緒が思い切り強く出たときに①になったことが何度かあったことを覚えています。自分が何を言ったのかをほとんど覚えていない状況の後、目の前の状況が急変していたり不調和が起きていたりする。今思えば、結果としては修正できたので良かったのですが、とても恐ろしいことでもありました。でも、チャネラーとして自覚している方が、本当に高い波動を出した状態なら、その波動に合わせて入ってくれるスピリットにあけわたしても全く問題はありません。ただし、自分の波動が「高いつもり」という状態はこわいですし、残念ながらそういう状態で霊言を降ろして人々を惑わしている人たちもいます。

「つもり」なのか「本当」なのかは、自分では判断が難しい場合もあります。だから私は、①の状態には絶対にならないようにしています。

私は③の状態である場合がほとんどでした。ほとんどというか、ほんのひと月ほど前まではいつも③だったといってもよいくらいです。

ただ、本当にここひと月ほど前から、ステップアップと表現してよいかどうかはわかりませんが、それまでとは違う、さらに高次元のスピリットからメッセージを受けたりつながっていると実感できたりするようになりました。

地球外のスピリットで、地球をはるかに超えた文明のなかにいる次元の高い方々（地球ではエササニ・シリウス・オリオン・アイーダといわれる星の方など）、守護霊様や高級霊団としてこれまでつながっていた方々よりもさらに高次元の方々（地上で存在していた時の名前が卑弥呼・聖徳太子・モーゼ・日蓮・清少納言・山上憶良など）。

信じられないでしょうが、私は実感しています。このような高次元の方々がいらした場合には、②の状態にすることが多くなりました。ただし、②の状態になると、話している私自身が半分くらいしか内容を記憶していない場合もあるので、なるべくレコーダーで記録して聞き直すようにしています。

サンフィア・アトランティスという言葉も、その中で得た言葉の一つ。私がアトランティス時代に生きていたことや、どんな文明であったか、どんな生活をしていたかを思い出させてくれて、いくつもの当時の言葉も思い出しました。それと、私のアトランティス時代の名前も同志も。実は、ついひと月前までは、アトランティスという文明があったのであろうということしか知らず、アトランティスに関する本を読んだり他の情報が入ったりということは全くなかったのに……。

最近、私はチャネラーであるという強い自覚とともに、伝えられたメッセージは、より多くの必要としている方々に伝えなければならないという責任感、そしてそんな役割が今世の自分のあり方の一つである、そう感じています。

1週間ほど前に私がこのコミュニティーを立ち上げて、みなさんに呼びかけを行っていたときのこと。モーゼから「やっと重い腰をあげてくれた」というお言葉をいただきました。

この先、日記やコミュニティーに、そういったメッセージを書き込むかもしれません。誰のメッセージであるのか、私の状況を信じるかどうかとかということにこだわるのではなく、メッセージの内容を読んでいただき、その内容で共感できることは受け止めていただき、実生活に生かせることは生かしていただく。そんな気軽な気持ちで読んでいただけると幸いです。

☆　☆

2007年3月1日
宮護《みやもり》からのメッセージ

ひと月ほど前のこと。車を運転していたら、平安時代に「宮護《みやもり》」という御宮を護る仕事をしていたというスピリットから突然のご挨拶をいただきました。その内容と宮護からのメッセージを要約して書きます。

平安時代に、都の中でも御宮と呼ばれる天皇家や都の政治の重鎮の方々が住まわれていた中心地がありました。この御宮は、悪の人々や魔から護るために出入り口を一カ所にしていましたが、そこを護るのがこの宮護の役目でした。

私に挨拶してくれたこのスピリットは、強い魔との戦いに敗れて亡くなった方でした。霊界に帰った後、ご自身の魂の宮護としての能力を高めるために、地球でいうアイーダという星に行きました。このアイーダには、魔を倒したり寄せつけないようにしたりするための特殊な霊力を身につけている方がたくさんいたからです。そこで修行をして、また、同志をたくさん得て地球に戻ってきたとのこと。そして、この霊力を使って人のためにお役に立ちたいとのことでした。

今日のニュースでも、ある殺人を犯した人が「悪魔に言われた」と公言したことが話題になっています。兄弟や親子同士の殺し合いをはじめ、最近、人間が犯す犯罪としては信じられないことが頻繁に起きています。これは魔の仕業です。現在、波動が高まっている半面、魔の力も強くなってきていますが、結局は罪を犯すか否かは人間しだい。魔と波動が合わなければ関係ないし、魔のささやきや指示があっても従わなければ大丈夫。ただし、このような重大事件のみならず、ほんのささいなことから魔が入り込み、知らず知らずのうちに魔に侵されているということも増えてきています。

先日の日記にも書きましたが、波動が高いか、もしくは長く下がらなければ、魔の影響を受けることはあまりありません。でも、そういった負の力も増大しているということを「ちょっと意識するだけ」でも大きく違ってきます。

コミュニティーのみなさんの背後には、宮護のみなさまがいつでも待機してくれている状態になっています。もし、何か厳しい状況になったり心がネガティブな状況から抜け出せなかったり、そんな状態をポジティブな状態に改善したいときにでも、心の中で「宮護のみなさん、どうか私に（他の知人の名前を唱えてもその知人に力を与えてくれます）お力をください」というようなことを唱えるだけで、お力をいただけます。お願いをしてあまり状況が変わらないと感じる場合があるかもしれませんが、だめもとで（宮護に失礼な言い方ですが……）お願いしても構いません。そして、もし事態が良い状況になったとしたら、宮護に感謝の思念を送れば、それが宮護にとって人のお役に立てたという充実感となり喜びとなって、また次も護っていただけるようになります。

また、レイキなど、ヒーリングテクニックを身につけている方は、ヒーリングを行う際に宮護のお力をいただいて合わせることにより、効果を高めることができます。

2007年3月2日
卑弥呼からのメッセージ

人も、もともとは霊界や天上界と同様に思念でわかり合うことができました。

しかし、地上に降りて物質の中で生きていくうちに、思念に加えて発声や身振り手振りなどによりコミュニケーションをとっていくことも必要になってきました。さらに、波動の違う者同士がわかり合うため、より具体的に物事を伝えることによって調和を図るために統一した「言葉」というものが必要になりました。

そこで、大和の国に日本の言葉を統一するという大きな使命を持って生まれてきたのが卑弥呼です。その卑弥呼から、今降りてきたメッセージをそのまま書くことにします。

☆　☆

私の主な仕事は、天上界から降りてくるこういった思念、こういった感覚はこんな「言葉」で表すのが適切であるという言霊《ことだま》を、巫女《みこ》という特質から降ろすことができたので、あらかじめ用意しておいた、やはり天上界から降ろされた「文字」というものを統一した、今でいう辞書のような編さんしたものを使い、言霊を文字に書いて統一した言葉を大和の国の人々に周知させるということでした。

この仕事が始まってから、それは毎日、とても忙しい日々でして、何しろ次から次へと降りてくる言霊を文字にして、その言葉を広めていく者たちに伝えるわけですから。でも、いつも充実していて時の経つのも忘れ、この大事業に従事している喜びに浸り、最高の気分をいつも持ち続けておりました。

先日、あの時に喜びを分かち合った仲間と再会し、あのときめきを伝えることができたことを心からうれしく思っております。そして、この思いを、この文章を通して、また再び伝えられる喜びを、言葉や文字をあの時に人々に伝えた同志として、本当にうれしくて

うれしくてしかたないという思いでおります。

かつて私が降ろして愛したこの日本語というものは、あの時のものとはずいぶんと変わった言葉もありますし加えられた言葉のほうがずっと多いのですが、基本となっている子音とか母音とかといったものは変わりありません。このサンフィア・アトランティスに集う皆様方は、その日本語を通してここに集ったということ。一つの場所に集うのと同じような近さで集っているということ。つまり、皆が日本語という共通の言葉により、具体的に思念を表現し合いながらコミュニケーションをとっているということがとても重要であり、近いということであります。

愛の波動の集結のために、このサンフィア・アトランティスという集いと、そしてこれから行われること、決して特別なことではありませんが、地球にとって大きな意味があり、意義があり、もたらすものが大きいということ。そんなものだとなんとなく自覚しつつ、この日本語というものを大切にして、良い言霊、良い思念というものをたくさん使って、愛の波動、高い波動の発信基地となっていただきたい。それが卑弥呼の願いであります。

2007年3月2日

清少納言からのメッセージ

女性ってなんだか面白い存在ですよね。私が最近、輪廻転生ということで生まれたのが1831年。江戸時代といわれる時から明治時代といわれる時まで生きていた。まあ、それなりに私という存在を、女性の本来の強さを表すことはできたものの、結局は力と権力という男の腕力に従い、陰にいました。

私が清少納言という名のもとに今世を生きていた時、私は宇宙の人々の存在を知っていた。というより、関わっていました。私の同じ立場であった先人が竹取物語で失敗したけど(※)、私も物語を書く立場であり、学を得た者として世に残したかったという思いはありました。ただし、結局、魔が恐くて、魔を恐れるがあまりに、あのようなオブラートにくるめまくったものを世に残すのが精一杯でございました。

私が、今、このように瞬時に世に出て言葉として残したいのは、今の世は、女性が霊性の高さを表すことが許されていること、強さを表すことができるということ。そんな世の中を認識し、これまでの日本の歴史にあまり存在していなかったこの状況の下、本来の人間の魂の強さを持っている女性の存在をどんどん表していく、アピールしていくことの必要性と重大性を感じている次第です。

※竹取物語の失敗とは、作者不詳となって今に伝えられている要因が、竹取物語は地球外生物の存在をわりとストレートに表現してしまったために、そのことを広く知れることを恐れた魔によって、作者がこの世の存在から消されてしまったということです。

２００７年３月３日

高次元の宇宙人（エササニ星）からのメッセージ

地球は間もなく、現状のように急ピッチで波動を上げていき、次元を現状の三次元から四次元へと上げるというところまできています。次元を上げるといっても、きちんとした線引きなどというものはありません。でも、大きく変革するので、まるで線引きというものがあるかのように感じますし、確かに一つの次元を超えたと実感できるような状況になるのです。

宇宙においては、地球のように生命が存在する星はたくさんあります。あなた方の言う数字に換算したら、それはもう天文学的な数字ということになります。それくらい無数という感じで宇宙には生命が存在する星があります。そんな中で、この地球は、特別な星として宇宙の高次元な高い文明を持った星の生命から注目されているのです。

今回私がこのような形で皆様方に対してメッセージを残すに至ったのは、タエヌを通して宇宙の生命、つまり地球以外の星にも生命が存在しているということ、そして、たくさんのあなた方の言う宇宙人という存在が温かい目で地球を見守り応援しているということ、われわれにとってはそれが普通であることを伝えたいがためであります。

私は一度地球に転生輪廻した経験もあるということから、このように地球上にメッセージを残すに適しているということで、彼のようなチャネラーといわれる者を通してメッセージを伝えることによって顕現してきました。

今の時点では、このサンフィア・アトランティスのメンバーの中において、われわれの存在を確信して同志としてタエヌのように実行している者もおりますが、初めて実感した、本当なのかな、という方もいることをも私は承知しているので、今回は挨拶のみにしておきます。

われわれ宇宙連合といわれる地球の応援者であり先を生きる者たちの力が必要に感じたとき、また、この存在に関して何か知りたいと思ったとき、いつでも与える準備は出来ておりますので遠慮なく伝えてください。われわれにとっての一番の望みは、地球の波動が上がり、次元が上がり、地球人類もわれわれ宇宙連合の一員となって宇宙の中で仲良く協力し合っていくということです。

2007年3月6日

彼の修行

私の知人に修行好きなお人よしがいる。

本人は決して修行が好きだとは思っていないようだが、それでも度重なる修行を経験していくうちに、やっと本人も自分が修行の道を選んでいるのだと気づいてきたところだ。

「例えば、山にこもって滝に打たれるとか、断食をするとか、そんな実生活から離れて、さらに自分自身のみが耐えるという修行だったら何でもできそうな気がする。しかし、実生活の中で家族をも巻き込んだ修行、これはとてつもなく厳しいものであるし、修行を終えた後に得られる充実感は素晴らしいものであろう」

これは、彼が最近、修行を通して感じていることである。

今、彼が最もこの大好きな修行として取り組んでいるのは、現実の社会の中では窮地に追い込まれるほどの経済的に厳しい状況の中、波動を下げないように努力をして、目の前のことを一つ一つ解決することのみに全力を注ぎ、家や土地を失うかもしれないとか、破産という名のレッテルを張られて制限される中で生きていくことを強いられるかもしれないとかということが、計算上でいえば今日や明日に起こっても不思議はない状況だというのに、常に希望を膨らませ必要以上に波動の低いことを考えないでいることである。ある程度は広く世を知り計算も得意な彼は、決して現実から逃避しているのではなく、状況をよくわかった上でのこと。今日の午後も、2時間以上かけて会いにきてくれるお客様との出会いの約束に向けて、波動を下げるどころか最高点にもっていこうとしている。

これまで1、2年の間、やはり経済的に追い込まれたことが何度もあった。時には恐怖に震え、時には一人で涙することもあったらしい。それでもこんな状況を、妻とごく限られた知人にしか言わずにいた彼。彼の人に対して話をする中で何度も口にしたこと。

「今、自分が行っていることが自分にとって今世の目的に沿った道を歩んでいるのであれば、また人から必要とされることを行っているのであれば、生活に困らない程度のお金という物は後からついてくるから安心してください」

それを人に言いながらも、自分にも言い聞かせ、信じてやまなかった。だから、もしこのまま家族6人が生活できない状況になったら、その時は言っていることと自分の行っている事実が違う、つまり罪を犯すことになるので、彼はこの仕事を続けられないと考えている。

何度も料金を上げようかと考えた。何度も、もっと宣伝しようかとも考えた。組織に入るのもどうかとも考えた。でも、これはすべて第一の目的がお金のため。つまり、彼にとっては今の仕事をしている第一の目的とは違う。

結局、彼がとった行動は料金を逆に少し下げたという不思議な行動。彼が言うには、「できる限り多くの方々のお役に立ちたい。そのためには料金は適正な状態で、お会いした方と対等の状態の金額を設定すべきであり、それが現在の価格である」とのこと。まあ、それはそれでよいのかもしれないが、どんどん経済的には厳しくなるばかり……。

これまでは、面白いことに、ギリギリの状態になると思いもよらぬところからご支援をいただいて今日まで仕事をすることが許されていた。すべてが彼にとって大感謝。時には人であったり、時には金融会社であったり……。それでも、心底から充実できて至福の時を過ごすことができる今の仕事を続けられることに喜びを感じていた。

住宅ローンに加えて数千万円もの借金。2カ月以上も遅れているローンの支払いの催促。子どもの保育料金も給食費もその他も諸々滞納している。きっと普通の人なら普通でいられないような状況のはずなのに、彼は「まだ何も起きていない。きっとなんとかなるはずだ」ということを信じて、家族の前では、子どもの前では、いつもと変わらぬ彼でいる。

先ほどのことに加えて、彼にとっては、子どもたちに何か大きな負担がかかった時も、今の仕事をやめる時であるとも決めている。人のお役に立ちたい、それが彼にとってのすべてであるが、家族が普通の状況でいられなくなったとしたら、一番大切にしているものを差し置いてまでも人のためにお役に立ちたいなどということは、優先順位からして絶対に無理なことである。

「とにかく、一人でも多くの方に、少しでも長い間、人のためにお役に立てることをしたい」

こんな彼の経済的状況であるのに、こんなことを言うとまるで偽善者のようにも思えるが、彼の本心でありすべてである。なんだかばかげた彼でもあるが、こんな人間がいてもいいんじゃないかと彼は思っている。

彼が今回も修行を無事に終え、また一つ大きくたくましくなった姿を早く見たい。今度はご褒美として何が用意されているのかが楽しみである。

2007年3月8日

ハマラ（高次元の霊界）からのメッセージ

私はあなたとはアトランティスの時もエジプトにおいてもご一緒させていただきましたが、特に近い位置からあなたのお供をさせていただいたのは、2千年ほど前のイスラエルと1千5百年ほど前のエルサレムにおいてです。私があなたのもととかお供とかというと、その言葉を嫌がって、今でもそうですが同志という言葉に訂正いたしますが、でも私はあなたに従い、真の信仰というものを世に広め人々を救済したり目覚めさせたり、時には指導者となる者を育てたりといった仕事を誇りに思い、従事させていただいたという喜びでいっぱいであります。今はこのように、天上界というなんだか高い所にいるという立場からあなたを見守り、そして今回のようにまるで指導をするような立場で現れるということが、なんだか不思議な感じがします。

あなたは、本来の姿を思い出し目覚めてからというもの、ここ数年はあの時のタエヌとしてアトランティスに君臨していたころのように、ディアスという名でイスラエルにおいて輝いていたように、強くたくましく慈愛の心にあふれ、広く深くオーラを輝かせていたのに、面白いなあ、そういうものなんだなあ人間って、と私は不思議な思いで見守っておりました。

昨日モエルが言っていたことに対して、はっとするように心に響いていたようですが、「あなたは今、肉体というものを持った人間なのだから、弱音をはいてもいいよ」。

このモエルの言葉を、私からも送りたいです。人って自分の弱さを知って見出してさらに強くなっていくのだなあと、あなたを見ていて私はそう思いました。私があなたに人間として仕えていた時、あなたは完璧な人だと思っていました。でも、人間に完璧な人はいないですよね。自分が完璧だなんて思った瞬間から落ちていくもの、逆に自分は弱い人間だ、まだまだ修養しなくてはいけない、もっともっと愛にあふれた人間に育たなくてはならない、そんな謙虚な気持ちがあり、自分を低く見つめること、それがとても大切であるということを、今、あなたから学んでいるところです。

あなたのもとに、今朝の大事なお祈りの時間であるにもかかわらず私ごときがしゃしゃり出ていったのは、もうすでに伝えましたとおり、あなたはあなたの弱さを書き表した日記を今朝、消すことを決めていましたが、それを止めさせるためです。あの日記はマイナスのエネルギーが多いから、せっかく愛を終結するためにと集まってくれたみなさんに対して申し訳ないという気持ちが強くなり、自分の情けなさを責めていましたね。あなたが以前書いた日記に、後ろを振り返らない……とありましたが、今回のこともそのことではないのでしょうか。あなたの書いた日記は、確かにポジティブな内容ではない部分が多くありました。ただ、これはあなたの日記なのです。現状を書き記しただけなのです。

でも、一つだけ残念なのは、みなさんに読んでもらえるということを意識しすぎているということ。そしてあわよくば金銭的な救済までも求めているという依存心のようなエネルギーも含まれていたということ。これはもうすでにされているようですが、繰り返してはいけない反省すべき点だと思います。
　ムーの時代に愛の戦士として宇宙に名をとどろかせたあの方がよくおっしゃっていますが、今がベストなのです。あなたのやっていることは、だからやはりベストなのです。取り返しのつかないことをしてしまった……そんな変なことはみじんも思ってはいけません。結果として、みなさんからは、温かい慈愛というものをいただいたではありませんか。愛を集結させたのです。あなたが、よく神や仏を代弁して言う言葉「神はいつも人の開運ばかり願われていて御蔭を差し上げているが、実は神様もご自身の開運を願ってほしい」のだと。これは、あなたにも当てはまります。あなたはいつも、人のために、人のためにと開運を願って尽力していますが、たまにはこうして大きな愛をあえていただいたって、別に罪なことでもなんでもない、それこそ当たり前のことと思われてもいいのですよ。

　私は、サンフィア・アトランティスに集結している皆様方には、地球のすべてのものに代わって、宇宙のみなさんに代わって、深く感謝の気持ちと御礼の気持ちを述べさせていただきます。今回このようにあの方にだけメッセージを伝えるのではなく、あの方にお願いをしてこのように日記というものを通し、皆様へのメッセージを伝えるにあたっての一番に言いたいこと、それはあなた方メンバーのほとんどのみなさんはあまり自覚されていないないようですが、みなさんは選ばれた愛の戦士なのです。しかも、日本とか地球とかといった小さな範囲ではなく、宇宙から選ばれた者なのです。そして、今現在も、あなた方には想像できないような高次元の方、宇宙の方、地球の神霊界などの多くの方々のバックアップがあるのです。まるで、この方が独断で選んでお誘いしているように感じているかもしれませんが、決してそういうことではありません。われわれが選んで、今このアセンションして宇宙に貢献できる地球というものに育て上げるという大切な時であるからこそ、急務を要してこのような形で集結していただいたのです。

以前、日記に書かれたメッセージの中にもありましたが、あなた方は特別な何かをするという意識を持ち、そんな仕事を探してほしいということではありません。そんな感じなのかな～、これって良いことなんだな～、という、その程度の自覚だけでもいいのです。個人差があって当たり前なのです。この方や他の何人かのように、すでに強く自覚して行動している者もあれば準備中の者があっていいのです。

ディアス様にもう一つだけ、今伝えておきたいことがあります。あなたは、今週に入ってから、宇宙のみなさんや天上界や地球神霊界からの使者が誰も降りてこないということを認識され、それはご自身の波動が下がってしまったせいではないかと心を痛めておられましたね。

どうか、取り越し苦労はお止めください。先ほどのこと（早朝にも言われました）と繰り返しになりますが、あなたが1週間ほど前にしたこと、学校に通学できずに悩む母と子に対して、そして、難病に苦しみ生死をさまよう3歳の子と看病に疲れ道を失いかけた母に対して行ったこと。宮護を派遣し、レイキでつながり、宇宙や神仏などのスピリチュアルなパワーを送ったこと。実は、あの時に受けた魔からの攻撃による傷はあなたの想像以上に深く痛々しいものでした。あなたが感じられたように、あの後数日間は右肩から首に至るまで激痛が走っていたこと。あれは、魔の攻撃です。特に、入院している子と母にはたくさんの未成仏霊や魔がついておりました。それを、あなたや宮護を中心にしてはねのけることに成功したのです。

霊界の医師という存在をあなたはすでにご存知ですが、あの方々の必死の治療があったからこそ、今、こうして痛みがほとんどなくなり、このようにまた、われわれが降りることができる肉体に回復したのです。決して波動が下がったからではありません。あのように傷ついた肉体でありながらも、自ら望んであのように天上界や宇宙からのメッセージをお受けになっているお姿に、心打たれつつも、あなた方の表現でいえばドクターストップがかかったのです。

昨日、電話で難病の子の看病に疲れていた母と話をしていました。あなたは聞いていないから知らなかったと思いますが、あの母は死を覚悟していたという状態までいったのが、あの電話のように、母子として今世に出会ったことを喜びとして感じ、現状をしっかりと見つめ、今後を前向きな気持ちで生きていくという気持ちになれたということ。魔や未成仏霊の影響で本来の自分の姿を失いかけていた方を救い出すことができたということ。私も大いに喜びを感じさせていただきました。

もう、ここでしばらく休まれるとよいでしょう。先ほど、あなたのもとに来られたシリウスの方々が次に控えております。また、こうしてあなたのところに下りることが許されたために、心待ちにしている方々がたくさんいらっしゃいます。

サンフィア・アトランティスのみなさんには心から敬意を表し、感謝の気持ちを伝えて、私からのメッセージを閉じます。ありがとうございました。

2007年3月8日
シューリエ（シリウス星）からのメッセージ

サンフィア・アトランティスのみなさんのほとんどの方とは、それこそ、お久しぶりです！　という感じです。現在お集まりいただいた方は、アトランティスのころにご活躍された方が中心でありますが、ムーの方、エジプト文明の中でご活躍された方など、実に素晴らしいメンバーがそろったと感心しているところです。

あなた方は全員が、もともとは地球ではない他の星からやってきた魂を地球で人間という物質になり、転生輪廻を繰り返して今に至りました。まあ、普通は思い出せないわけですけれども、あなた方はもともと宇宙人だったのです。それこそ、7千年とか8千年とか、またはそれ以上のそういったはるか昔にさかのぼりますが、それでもやはり何人もの人が、転生輪廻の中で時々シリウスやオリオンやエササニといった星にも存在したことがあるし、やはりみなさん全員が天上界に戻られた時には、それこそ頻繁に地球と宇宙を行き来していました。ああ、そんなものなのかなあと、今はそれくらいの感じで私の言葉を受け止めていただければ、それだけでもうれしい気持ちになります。

シリウスの者が中心となり計画し実行したアトランティス文明というものも、オリオンの方々が中心となって計画し実行したムーという文明においても、結末は同じで、地球における人間というものを通して宇宙の素晴らしさを顕現させながら次元を上げるということは並大抵のことではないのだなあと実感しております。それでも、宇宙の同志と地球の神霊界とが力を合わせ、エジプト文明に始まり、世界各国にさまざまな人間の和を築き、さりげない形で宇宙からも力添えさせていただくという、とても地道な努力をしてきた甲斐があったと、やっと最近の地球を見ていて、そう思うようになってきました。

どうやら、これは本当にこの子が疲れてしまって、まいりましたとのことなので、私からのメッセージは今のところはここまでといたします。サンフィア・アトランティスの皆様方には、このシューリエという名の、あなた方からしたらはるか遠い星であるでしょうが、私からしたらすぐそこにある星のシリウスから、いつでもあなた方をお見守りいたしておりますことや、いつでも私なりに力添えをしたいということを、なんとなくでもよろしいですからご理解いただければうれしいと思っております。

Chapter 4

2007年3月8日

自動書記というもの

今日は、突然の高次元の方々からの訪問、そして日記に書き残したいというご要望に心から感謝しました。

ただ、本当にこの高次元の方のエネルギーは強くて、私の中に入ってくれている間は意識がもうろうとしてきたり頭がぐわんぐわんしたり、時間が長いと結構しんどくなります。さらに、宇宙の方の場合は、地球の方とは違った独特のエネルギーがあるので、これも長い時間はきつくなってきます。守護霊様や地球の神様仏様の場合は、わりと普段から入っていただいているので慣れてきましたが、それでも数時間に及ぶと疲れてきてしまいます。

今日の日記の書き込みに要した時間は、ハマラのメッセージは約55分。シューリエは約20分。自分としては信じられないくらい多い量の文章を、あっという間に書き上げていくということ、本人の意識はただただ画面や手元を見ているだけで、思考回路は100あるうちの20くらいの状態。読み返す必要はほとんどなく、単語は頭に残るけど、内容はだいたいわかるかな、という程度。今日の内容は、書き終わって読んだあと、自分の責任のもとでこんな内容を日記に書いてみなさんに読んでもらうって、ちょっと恥ずかしいかも、なんて思ってしまいました。ただ、この感覚って、本当に面白いんです。なんか、自分であって自分でないけど、やっぱり自分。そんな感じです。疲れちゃうけど、なんだかとても快感！　なんです。

2007年3月13日
山上憶良からのメッセージ

待つ身のつらさというものをしみじみと感じているしだいであります。あなたほどの目覚めがあった方でも、まだ迷われているこのお姿に、ひとしきりわびしい思いを抱いております。それはそれは、現実といわれる社会においての経済的なものというのはお大事にされるということでしょうが、私たちにとっては何の価値も見出せないもの。あなたが常々申されるように、お金というものは物や労働と交換するための単なるチケット。私どももいつもうなずいておるしだいであります。何をどう申されようと、本当にそういうものであること、あなたはわかっておられるのに、なんとも私からしたら言い切れない思いでいっぱいです。「口出しをするでない」という、あなたの守護霊様のお申し出もありましたが、私にはついついがまんならぬ状況を見て、口を出さずにいられないというところまできてしまいました。何ゆえのこと、このあからさまに急激に干からびた物のようになってしまった、あなたのこの意は、意欲は、自信は……。この程度のものだったのかと嘆かわしくも思います。私とてとやかく言えるほどの者ではありませぬが、身近にある者のこのようなふがいない状況は見るに忍びない思いであります。ここに集いし者たちをみてご覧なさい。目にも心にも思いや力のある方々ばかりではないですか。集めておいて、今さら何をこんな状況になり、今後のなりさししめならぬことよ。

我に返ってください。どのみち、ここまで得てきたものを失うことはできません。得たからには生かす義務があり責任があるのです。生かしなさい。生きる道を選びなさい。何ゆえ覚悟する必要があるのでしょうか。もう、とっくに覚悟は決めているはず、われわれの同志として生きていくことを。何ゆえ迷われるのでしょうか。何ゆえそれていこうとするのでしょうか。

2007年3月17日
「たそがれ清兵衛」

昨年末に録画したのに、一度も観《み》ていない映画「たそがれ清兵衛」を急に観たくなって観た。普段、あまり映画を観ないし、心にしみこむ映画には最近それほど出合えなかったのに……。「たそがれ清兵衛」は心をえぐり、奥底まで入り込んだ。涙が止まらない。これはきっと感動したのではない。自分とダブらせているから!?

あのシーンの言葉が心にずどーんと響いた。たそがれ清兵衛の果たし役の相手が言った言葉「米びつの底が見えたときのあの思い……」。私は平成のこの世の中で、つい先日体験した。残金は2ケタ。米が底をついた……。

でも、結果としてなんとかなった。家族6人は今、ちゃんと暮らしている。今回も、ぎりぎりの場面になっての、心温かい方からのご支援のおかげ。とりあえず、少しの間ではあるが普通の食事が食べられる。大感謝！

世間では、経済的に苦しいとまるで不幸のように思う風潮がある。逆に、経済的に裕福だと幸せであるとか成功者であるとか……。経済的に苦しいと本当に不幸？　失敗の人生？

仕事の選択を誤った？

私は全くそうとは思っていない。家族との調和した生活の中で感じる、日常の中の、普通の生活の中で感じる幸福感。それだけでも大満足。たそがれ清兵衛の思いといっしょである。

「宇宙は公平である。陰と陽を完璧に調和してくれる」

「たそがれ清兵衛」は、私にとってはあることを確認させてくれた映画となった。な～んだ。やっぱりこれでいいんだよ、と。映画の中間くらいで、やたらと感動していた時、高次元の方が入ってこられた。私はすぐに日記に書くかレコーダーに記録するかと思ったが、一言、「今、この感動している気持ちを持ってくれたことにより降りることができた。最後まで観なさい……」と。

「たそがれ清兵衛」という映画を、今日という日に一人で観るということとの、この必然を与えてくれたことに感謝する。

2007年3月19日
スピリット（?）からのメッセージ

もう少しかみ砕いて話をさせてもらえれば、これってやっぱり必要なこと。だって、本人がこれでいいっていっているのだからいいじゃないっていうこと。面白いことかもしれないけど、流れに任せるっていうことは逃げているわけでもわからないわけでもなく、なんでもないからこそなせる技。まあ、強いて言えばすごい技の一つでもある。あのような状況でこのような状態で、何でこんなに平静をよそおっていられるの。本人もそんな不思議なこっけいな感覚に酔いしれている。だってそうじゃない。人間って、こんなに強い生き物なの。ホントにそんなふうに生きられるのって、彼を見ていて思っちゃうじゃない。それがなんか面白いよね。彼って。

素敵な生き方って、な～に？　甘えるって、な～に？　甘やかすって、な～に？　ほんとに信じていたら、甘やかしもへったくれもないじゃない。そうしたければそうすればいいじゃない。それが、人それぞれの役割だもの。人それぞれの役割を果たせばいいじゃない。彼はそうしているんだもん。だから、みんなもそうすればいいじゃない。

2007年3月20日

私の守護霊様からのメッセージ

（母方のご先祖様で27代前の方。日蓮宗の修行僧です）

いろいろな人によく言っていたこと。

「取り越し苦労はしないほうがよい。次に起こるかもしれない事実の一つ目までの想定はしても、その先を考えていくと、心配とか不安とかといったネガティブな気持ちがネガティブな気持ちを呼び、起こってもいないことを考えていく。そんな必要はない」

「逆に、良いことはどんどん膨らませましょう。夢見る少女、これ最高！　良いイメージをより具体的に膨らませていけば、それが現実となって現れていく」

「目の前に起きること一つ一つに対して、シンプルに前向きに対処していけば、解決できないことは何一つない。道が正しければ、スピリチュアルな世界が導いてくれる」

「動機が純粋であり、特に人のためであれば……。行動が道理にかなっていれば……。基本的な生活を普通にしていれば……。周りの方々と最低限の調和を保っていれば……。あとはわくわくすることだけやっていればよい。それが今世の生きている目的に向かっていることだから」

いつも私が守護霊様を中心によく言わされていた言葉。私にとっては基本であり根本であること。なんだか、今、私に向けて守護霊様が言ってくれた。当たり前のことだけど、なんだかすっかり今日は忘れかけていた大切なこと。

守護霊様。いつもいつもお見護りくださりご加護くださいまして、本当にありがとうございます。

2007年4月12日
秦造《はたのみやつこ》からのメッセージ

あの山々の木々が揺れるがごとく、風になびくも倒れずに自然に任せていくがよろし。愛せし者たちの熱く語るあのしぐさや思いが、どのみち永遠に心に刻まれることであろう。私とて順風満帆な人生というものを歩んだためしがない。時には風に抵抗し、なぎ倒され、はるかかなたへと押し戻されたこともある。でも、まだ根が残っているというだけで、新しい命の息吹が目覚め、若々しい、今度はちょっとやそっとの風では倒れぬ頑丈な大木へと育つのである。世もすがら、のちのちになって思うことはたびたびである。あとになると、すべてが懐かしく良きものへと進化してくれる。実にこの世の思いとはうまく出来ているものである。わが人生に悔いはなし。わが人生の中でも、一番最近の転生輪廻の際の人生を振り返っての思いである。実に滑稽な人生であったが、実に面白く奥ゆかしい人生でもあった。

放たれそうになった矢が放たれる時、すでに行く先は決まっているにもかかわらず、その先は着いてみなければ誰にもわからない。でも、矢が放たれたときに、だからもう行く先は決まっているのだということ。誰にも何者も変えることはできないということ。そんな自然に宇宙に身を任せること。今のそなたにはそれしかできないのではないか。わかっておろう。

Chapter 5

2007年4月17日

アミ　～小さな宇宙人～

「アミ　小さな宇宙人」。エンリケ・バリオス著。石原彰二訳。（徳間書房）。

少年ペドゥリートとアミと名乗る宇宙人とのコンタクト体験。アミに連れられて空飛ぶ円盤で宇宙を旅する中で、ペドゥリートは地球の文明がまだまだ野蛮で、愛の度数が低い人々の住む未開の惑星であることを教わる。

——そんな内容で子ども向けに書かれた本です。この本は、すでに読まれた知人から、1カ月ほど前に長女がプレゼントとしていただいたものです。娘は、この本を見ると目をきらきらさせ、手にした瞬間に読み始め、260ページほどの本をまる1日で読破しました。

私はいただいた時、すでに何が書かれているかがわかっていました。だから、いつか読むかもしれないとは思っていても、すぐには読みませんでした。アミの本を読んだことはなかったけど、アミがよく私のところに来てくれていたので、アミの存在はよく知っていたし、どういう宇宙の同志かもわかっていたからです。だから、本を読まずとも書かれている内容はわかっていました。

私にとってアミという名前は、アニメ「アニマル横町」のキャラクターのあみ（松崎亜美）ちゃんという5歳の女の子の印象が強かったので、宇宙の同志のアミが初めて私を使ってメッセージを降ろしてくれたとき、5歳の少女あみの話し方でした。この時、私の意識がそういう印象だからそのほうがスムーズに話せると言っていました。今は、少年アミとして現れてくれますが、こちらの方がアミにとってはなじみがあるし、私の意識もそうなったからだそうです。

本をいただいた日のこと。娘がソファーで私の隣に座ってアミの本を読んでいたとき、私にアミが入ってくれました。私は娘にそのことを伝えて、「この本の内容のことを質問してみな。アミだから何でもわかるから」というようなことを言っていました。早速娘からの質問がありました。娘の質問を聞きながら、最初は私だからわからないけど、口を開いた瞬間からアミになったので答えられました。私は答えながら、「へー、そうなんだ」と感心しました。娘はにこにこうれしそうに、正解であることを告げました。また、その少し後、今度は娘に対しなにやら補足説明が始まりました。「今、読んでいる所は少しわかりづらいかもしれないけど、つまり〜」という感じです。私に入ってくれているアミの補足説明が終わった後、娘に聞いてみると、まさに読んでいて何だろうと思ったことの補足説明だったとのことです。娘はさらに喜びながら黙々と読書を続けました。

私はふと、この1作目の「アミ〜小さな宇宙人〜」を読みたくなり、ここ二日間で2回読みました。やはり、私が宇宙の同志や高次元の方々を中心に、ここ数年の間に教えていただいて実感していることばかりが書かれている内容でした。現実的な常識に比較すると理解できないようなことも、あたかもごく常識のように書かれていて、やはり普通の常識だったのかと実感できました。つまり、近い未来の地球の姿、つまり地球がアセンションしたらこうなるだろうという状況が書かれていました。なんのこっちゃ……と思われる方もいらっしゃるでしょうが、今、このアミの本の内容を引用して、いろいろとわかっていることを書きたくなってわくわくしている自分がここにいます。

2007年4月18日

地球がアセンションするとき

今世においての先進国と称している国々では、人間の考えた法律というものの効力が強く、その法律に従って統一されている場合がほとんどです。なかでも、裁くという意味においては、法律や道理に基づいて「人が人を裁く」ということが、当然のごとく、これが良いことであるかのごとく行われています。

まあ、確かに、今の次元においての波動の高低差が大きい今世においては、人が人を裁くことによってある程度の表面的な調和が保たれているということは事実でもあります。

次の内容は、高次元の宇宙人のアミが、オフィル星という、地球よりも一つ次元が高い星（四次元）を紹介している中の一つです。

「この星には警察も刑務所も法律もない。人が人を裁く必要はない。自分が罪を犯した時、裁くのは自分だから。そして、この星は皆が家族のように愛し合っていてエゴを持っていないから、人を傷つけたり侮辱したりするような罪は起きない。みんな兄弟だから。愛によって結ばれているから」

宇宙の法則（神）を一言で表せば「愛」であります。宇宙の法則（神）である、地球の言葉で言えばカルマは完璧です。先ほどの「裁くのは自分である」とは、このカルマがはたらくということ。自分が犯した罪は自分に返ってきます。逆にいえば、良いことをすれば良いことが返るというわけです。

最近、選挙が重なり近づいているために、たくさんの選挙カーが走り、スピーカーを使ってわめいています。「みなさん、大変お騒がせして申し訳ありません。……私は××です」。

罪の中でも大きく分けて二つあります。一つは罪とわかっていて犯す罪。これは一番良くないこと。もう一つは同じく罪だから良くないけど、罪とは気づかずに犯した罪。または結果が罪となってしまった罪。これは十分に反省し、繰り返さないように努力すればカルマは昇華します。選挙カーの叫びは、騒いで迷惑だとわかっているのに行っているので、一番良くない罪。罪を罪とわかって平気でいるような人が、人々のまとめ役で代表（議員）になるということはいかがなものでしょうか。また、人々から分け与えられる税金からの給料を手にするというのはいかがなものなのでしょうか。

人々の心からエゴがなくなり、愛に満ちた地球になれば、オフィル星のように宇宙の法

幸せに生きることができます。（神）のもと、助け合い、慈しみ合い、自由と平和と美と英知など、つまり愛の中、みんな

このコミュニティーに参加されている皆さんの中には、もう、すでにご存知の方もいらっしゃいますが、間もなく、地球もアセンションできる予定です。つまり、三次元といわれる今の状態から、オフィル星やエササニ星のように四次元といわれる次元に上がる予定です。このまま地球の愛の波動が上がっていけばアセンションするとわかっている宇宙のみなさん方が、そろって予測しているのが2012年。信じられないようなことであると思われる方もいることでしょうが、このままでいけば実現してオフィル星のようになれるのです。戦争がなく、国境もなく、政府という組織もなく、人が人を裁くこともなく……愛に満ちた地球になるのです。

あれ、どうしちゃったの？　大丈夫？　何かの夢物語？　何かの新興宗教？

——初めてこんな話に触れた方は、そんな風に思われるかもしれません。でも、私は1年ほど前から気づき始めて、日を追うごとに徐々に実感していき、ここ数カ月は当然のこととして確信しています。だから、急にわき上がったことではなく、今、ちょっとしたまとめとして書きたくなったから書いているだけのこと。でも、本当は、もっと書きたいことはあるけど、少し疲れたからひとまずおしまいにします。

２００７年４月19日

今、私たちのやるべきこと

地球におけるアセンションは、宇宙の仕組みとして自動的に起こることではありません。次元を上げることができるか否かの決定的な鍵は、地球人類が握っています。ありとあらゆる地球人類を応援してくれているすべてのものたちは、応援したり支援したりするところまでがメインの仕事。それを受け止めてどのような行動をとるのかは、やはり地球人類の責任であり地球人類次第なのです。

宇宙の神も地球神も仏界も霊界や宇宙の同志たちも、それぞれの立場から全力で協力してくれます。そして、このアセンションできるか否かは、地球のみではなく、宇宙全体にとっても大きな意味をもたらします。それだけ地球は宇宙全体から注目されているのです。地球はある意味、特別な惑星なのです。

宇宙の神は、完璧な計画のもとにすべてを承知しています。ただし、常に自由意志というものも与えてくれています。そこには自己責任も伴います。この自由意志の働き方によって、いくらでも軌道は変わります。それも神の計画の中に入っています。そして、この計画自体が自由意志を与えてくれているために、幅があるということになります。これは、地球規模の話もそうですが、人間個々の場合も全く同様のことが当てはまります。地球にしても個人にしても、結局はどうなっていくかということについては、自由意志のもと、最終的には自己責任として返ってきます。

紀元前の出来事になりますが、地球は次元を上げることに失敗しています。そして、ゼロからやり直しています。ただし、この失敗というのは、言葉というものに当てはめるとこの言葉が適切ということになりますが、失敗といっても決してネガティブなものではなく、やはり宇宙の神の完璧な計画の範囲のことです。そして、今回は、前回なし得なかったことを教訓として、成功するためにここまでは完璧に進行している状態であります。

さて、そんなアセンションということを知っているか否かとか、そう意識しているかとかは、あまり大きくは関係してきません。ただし、次代を担う指導者的な立場に成りうる者たちは、できるだけ早く認識して、その準備をするということは大切になってきます。でも、準備とはいってもそれほど特別なことではなく、今という時をより前向きにポジティブに充実したものにするように意識し実生活を送るように努力するということです。そして、その中には宇宙や霊界や神仏といったスピリチュアルな知識や意識も融合して取り入れることも大切になっていきます。

次代を担う指導者的な立場に成りうる人とは、今の時点では物欲や名誉欲など、つまりエゴの非常に少ない人がほとんどです。ですから、現在、マスコミに取り上げられたり世間で名が知られていたりする人よりも、そうでない人々が多いということです。

すでに経験している人もいるし最中である人も、そしてこれからという人（現時点ではこのケースが一番多い）もいますが、どちらにしても２０１２年までの間に、最低でも１度は物質世界における極限的状況（例えば財産・地位・名誉・健康・愛する人を失いかける、または失うなど）をすべての人間が経験することになるということもわかっています。その中で、どのようなことを選択するのか、その自由意志の選択結果により、２０１２年の迎え方が大きく違ってきます。これは、すべてが自己責任として返ってくるから当然であるということです。

知っていても、実生活に生かすようにしなければ何の役にも立ちません。逆に知らなくても、アセンションに向けてふさわしい生き方をしていればそれほど問題ではありません。自分の目の前のことに尽力し、取り越し苦労をせず、前向きにポジティブに、そして人のために生きていけばアセンションしても普通のこととして迎えることができるでしょう。そして、そういったことを理想とし、努力し、少しでも完璧な状態に近づこうと意識して実生活を送ることがたいへん重要で大切なこととなっていきます。

ちなみに、現時点でも、急激にアセンションへと向かっている最中です。ここ数年の日本のスピリチュアルな状況の動きを思い出してみればおわかりになることでしょう。実は、このアセンションの地球全体の中心は、この日本なのです。地球全体における次代の指導者的立場に成りうる人の中の8割近くを日本人が占めているという説もあります。

この先、今回書いた内容を実感することができるためのさまざまな出来事が世界各地で起きることもわかっています。というより、現段階でもすでに起きています。ただ、今後は、もっと明らかな事実が起きていきます。別にそのことを心配したり恐怖に感じたりする必要は全くありません。起きた事実がどうであれ、その事実をどう受け止めるかが大切です。また、自分の身近で起きたときには、どう受け止めて何を選択するかが大切となります。

Chapter 6

2007年4月19日

高次元の宇宙のみなさんが地球人を応援して支援してくれる理由

簡単にいいますと、無償の愛に包まれた家族と同じであるということです。つまり、理想の家族像の親子関係と同じであるということになります。

子どもが生まれたら、親は子どもが安心して成長できるようにと、子どもが育つために適した環境を、成長に合わせて整えていきます。子どもにわからないことがあったら、教えたり手本を見せたりします。そして、成長を喜びます。危険を察知したら守ります。時には叱ることもあります。無償の愛の中、見返りは求めません。ただただ、自立に向けて成長していく姿が幸福感となって返ってきます。親は子に経験や環境や物質や愛などを与えているだけではなく、常に与えつつも与えてもらっているという関係でいます。だから、そんな家族は幸せを分かち合えます。

地球を応援して支援してくれている宇宙の高次元のみなさんに共通していえることは、ご本人も家族や親類も、そして生まれ育った星の住人も、すべてが愛にあふれて幸せであるから、今度は宇宙にまで目を向けて、そのあふれる愛を与えてくれているということです。高次元の愛で包まれた星は、並行して文明もとても高いので、このようなことが可能になるのです。そして、みなさんは宇宙のみんなが家族であると思っていて、またそれが当たり前のこと、当然のことと思っています。

子どもが生まれたときに、すぐに歩けないことや話ができないことを馬鹿にする親はいません。歩けない生まれたての赤ちゃんを、無理やり歩かせたり立たせたりもしません。ある程度の基準となる発達段階がわかっているし、愛があるからです。同様に、高次元のみなさんは決して地球をさげすんで見たりばかにしたりはしていません。また、できないことを強要することも教え込もうとすることもありません。いろいろなことを教えてくれたり学ばせてくれたりしても、成長するかどうかは地球人の自由意志を尊重してくれます。さらに、発達段階をわかっているので、地球が今どの段階で、どのように成長すればどのような結果になるかもだいたいの予測がついています。だから無理はさせませんが、成長するための次に行うべきことを教えてくれるのです。

宇宙のみなさんも地球人も、本当は純粋な無償の愛で結ばれた家族であり友人でもあります。ただ、残念なことに、今、もしも空飛ぶ円盤がたくさん飛んできて宇宙人が地上に降りてきたら……まさに大パニックとなります。ある国では攻撃するかもしれないし、逃げ惑う人もたくさんいることでしょう。

この先にどうなるか、わかっていることの一つに、このような宇宙のみなさんは愛にあふれているという存在であることが、理解できた地球人が増えれば増えるほど、ＵＦＯの目撃情報が増えてきたり、個人や特定の小集団や国家の秘密組織としてコンタクトをとったりするだけの今の状態から、少しずつオープンになって、より多くの人が宇宙のみなさんとコンタクトがとれるようになるということは、そんなに先の話ではないということです。

2007年4月25日
先天《せんてん》の三種《みくさ》の大祓《おおはらい》
〔先天の三種の大祓〕
トホカミエミタメ　甲《きのえ》　乙《きのと》　丙《ひのえ》　丁《ひのと》　戊《つちのえ》　己《つちのと》　庚《かのえ》　辛《かのと》　壬《みずのえ》　癸《みずのと》
祓《はら》ひ給《たま》ひ　清目出《きよめで》給う
トホカミエミタメ　子《ね》　丑《うし》　寅《とら》　卯《う》　辰《たつ》　巳《み》　午《うま》　未《ひつじ》　申《さる》　酉《とり》
戌《いぬ》　亥《い》
祓ひ給ひ　清目出給う
トホカミエミタメ　乾《けん》　兌《だ》　離《り》　震《しん》　巽《そん》　坎《かん》　艮《ごん》　坤《こん》
祓ひ給ひ　清目出給う

この先天の三種の大祓は、近年、巻物の中から発見されたとのことです。これは、吉田神道の中でも「至極の秘」とされるほど大事にされて極秘にされていたものらしいです。「トホカミエミタメ」とは、言霊の中では最高峰の祓い清め言葉です。この言葉を唱えるだけでも、強い効力があります。そこに、十干・十二支・八卦を加えたことで、すべてを網羅して祓い清めることができるという素晴らしい秘言であります。

私は、ほぼ毎朝5時台に妻とふたりでお祈りを行っています。お祈りとはいっても、既存の宗教に即したものではなく、良いと思うことを取り入れて混ぜ合わせた、いわばごちゃまぜのオリジナルに近いことをしています。このお祈りは大きく三つに分かれています。一つはすべてのものに感謝し、ご開運をお祈りすること。一つは真言や神語といわれる古神道や密教において唱えられてきたものを唱えること。もう一つは、自分や家族に対してレイキや宇宙のエネルギーを入れたり包まれて護ってもらったりすることです。

最初は私が一人で部屋にこもって行っていましたが、今ではリビングにて妻と二人で行っています。約20分のお祈りの時間ですが、これをやるととても気持ちがすっきりとして活力がわいてきます。

その中でも、この「先天の三種の大祓」はとてもすごいパワーを感じます。特に、ここ数カ月、いやここ1週間はさらにすごいものを感じます。すべてが浄化される感覚に加えて、高次元の世界とつながった感覚になります。今朝も強く感じたので日記に書きたくなった次第です。

今のこの地球の波動が上がっている状況だから、これまで以上に効力があると私は感じ

ています。特別な秘言ではありますが、別に誰が唱えても大丈夫です。よろしかったら唱

えてみてください。

これまでの効果としての事例は、「唱えると金縛りがすぐに解けた」「邪気が抜けて体が

軽くなった」などなど。何も感じなくても、それはそれで問題はなく、感じるか感じない

かは人それぞれです。

声に出したほうが言霊も加わりより効力が増すといわれていますが、心の中で唱えるだ

けでも大丈夫です。私はよくヒーリングを行う際に、手を当てたり遠隔で送ったりしてい

る最中に心の中で唱えます。また、除霊や土地や場所の浄化にも利きます。私は、未成仏

霊がからんでいる時には南無妙法蓮華経と合わせてよく使います。よろしかったらお試し

ください。

2007年4月29日

「大和の国」日本

「大和の国」日本に私は住んでいる。地球における大和《だいわ》の中心が日本である。「大和の国」つまり大調和の国である。

人との調和。自然との調和。あらゆる生き物との調和。地球との調和。あらゆる魂との調和。神との調和。宇宙との調和。

その中心として宇宙の大いなる神の計画のもと、日本は成長し続けてきた。この先、何が起ころうとも、この地球全体の大調和のためであると認識してほしい。そして、日本が中心であり世界を引っ張っていくということも意識してほしい。

物の価値感覚はますます大和《だいわ》の世にふさわしい状態へと変わっていく。それでも、地球独自のシステムであるお金という制度は、この先何十年かは続くであろう。ただし、今、多くの人が持っているような豊かさの象徴とかエゴを乗せたりとかというような価値感覚ではなく、物を交換するために便利なシステムであるということからである。

人々の意識が、物質とスピリチュアルな感覚のバランスが五分五分になっていく。これも、急激にそうなる人もいれば、徐々になっていく人もいる。

地球上の物質も人を含めた生物すべても、この次元が上がるにふさわしいものだけが残ることができる。これは、決してネガティブなものではない。必然であり必要なことなのである。恐がる必要も取り越し苦労をする必要もない。ただ、世の中が急激に変化していくということを知識の一つとして持ち、意識すること、そして、今までのように前向きにわくわくしたことを選択するということをより意識するということ。世の中にどのようなことが起きても、どんな事実が起きたかということはなくて、どう受け止めるかが大事であるということ。つまり、次元が上がってより大和の世に向かっていく過程において、宇宙の中での地球自体が、人間のために地球のために宇宙のために仕事をしているということ。そんな感謝の気持ちをもって受け止めてほしい。

2007年4月29日

「肉食について」

私は肉を好んで食しています。牛・豚・鶏が主で、他には馬・羊など。そんな私に対して、数カ月ほど前から、少しずつ肉食に関することでの気づきを与えていただいています。おいしいから、栄養があるから……人間に準ずる魂や感情や個性などを持っている動物の肉を食するって本当に理にかなっているのでしょうか？　人間より弱いからって……弱肉強食って仕方のないことなのでしょうか？

私は今の次元の地球において、ベジタリアンにはたぶんなれないと思いますし、今の時点ではわくわくすることではありません。この次元において、私は肉食を続けるだろうと思います。

でも、わが家の食卓からは、少しずつ動物の肉を使った料理が減ってきています。食するときの意識も少しずつ変化しているのに気づいています。

Chapter 7

2007年5月7日

シューリエ（※）（シリウス星）からのメッセージ

あらゆる手を使って入り込もうとしてくる魔というものの手に、あれもこれもと差し向けて抵抗しているのに、これだけ責め続けるということ。このことでもわかるように、もう最後の悪あがきであるのにもかかわらず、魔のほうは必死になっております。アトランティスの世の再興がなされてしまった時、もう魔にとってはなすすべがなく、地球という素晴らしい星から姿を消さねばならなくなってしまうのです。

でもわれわれにとっては、この時を待っていて、待ちわびていて、魔もなく病気もなくすべてが良い気に包まれ、素晴らしい大調和のもと、人々もスピリットといわれる方々も宇宙のみんなも、ともに手を取り合って行進することができるのです。だから私どもにとっては、待ちわびているということなのです。

あなた方、地球に住む人たちは、これからが正念場という状態になっていきます。私はただただ見守ってあげるのみです。私はあなた方の味方です。大いなる母のような気持ちで温かく見守っております。太陽のごとく、あなた方が道を迷わないように照らし続けていきます。だから、何事にも負けないで、愛を持って生きてください。一瞬でも弱い気を出してマイナスを呼び込むと、そこから魔が入り込みます。あなた方はみな、魔に見張られているのです。あなた方を崩そうと魔は必死なのです。見えないから怖いのです。でも、怖いからといって恐れるのではなく、恐れる心、不安な心といった低い波動を出さなければなんの問題もないのです。だから、今のあなた方の気持ちを保ち続ければ大丈夫なのです。私なんてそんな……なんて思わないでください。あなたも立派に次代を担う役目を授かって今を生きているのです。今までどう生きてきたとか何を見て何を経験してきたとか、そういったことは関係ありません。そのことによって、今、どの波動を出しているか、どんな習慣ができているのか、何を思うのかが重要になってくるのです。

序章というべき事件や事故といった出来事が、日本でも世界各国でも起きておりますが、アセンションするための、魔と地球と宇宙との協調からくる出来事が、日増しに増えてきているのです。身近でも起こり始めているのです。でも、お願いですからそんなことに惑わされずに、気を強く持ち、必然という意味をかみしめて、ポジティブにたくましく、さらなる向上のために、物事を受け止めるようにしてください。

大丈夫ですから。道を外れるような思いを持ったり行動をしたりすることをしなければ。もし、してしまってもすぐに反省し修正さえすれば、必ず良い結果がめぐってきますから。私は見守っています。どうか、安心して、あなた方の生きたいように生きてください。それが、正しい生き方だから。物事の価値基準を世間とかマスコミとか人の手とかによって惑わされず、どうかありのままのあなたがたでい続けてください。それが、私にとって、そして宇宙にとっての願いでもあります。もう少しですから、どうかがんばってくださいね。

今の地球において起きている出来事をもとに、もう少し具体的に述べることにいたしましょう。もうこの子はすでに気づいているようなのですが、この子のまだ弱いところの一つに、わかっていても、くどくなるからとかいずれみんなわかるからとか、そういう気持ちで抑えてしまって、結局はわかっているのに人に伝えないという罪を犯していることがまだあるということ。妻に対しては、気がつくと話しているとよく思っているが、あれはわかっているということだけど、やっぱり私たちがそうしてほしいという思念を送ってのことです。だから、今から述べることはあなたにとっては復習となりまとめとなり、また、わかっているのに人に伝えないという罪のカルマを昇華させるためのものなので、どうか時間と労力と気力をお貸しくださいますようお願いします。

マスコミという力のもと、たくさんの良いものを得ているというのも事実ですが、残念ながらそうではない魔の通信手段として利用されたことに一喜一憂していることのほうが多いのです。例えば、悲惨な事故現場。あのようなものは、本当は見る必要はないのです。ほんの一例ですし、マスコミが映像を送らなければ、その場にいた人の波動の問題でおさまるのです。それをあえて、マイナスの波動を全国に、全世界に広げるという役割を魔に手を貸す形で、本当は魔の手に犯されている人間によって、そうさせられたことなのです。

先日、情報番組がねつ造していたという罪を犯したことについて報じられました。あれは、逆に魔のとりこにされたマスコミを神霊界が救ったのです。人間の弱みに付け込んで、ダイエットとか健康とか、そういったことをだしにして、波動を下げようとしていた魔からの電波を防ぐことに成功したのです。マスコミのこのようなさまざまな変貌が最近増え

ているこ とに気づいておりますでしょうか。マスコミという情報は、確かに必要なものなのです。ただし、何を選択してどう受け止めるかということです。それがすべてなのです。マスコミを批判するという低い波動は出さなくてもよいのです。それこそ魔の思うつぼです。自分がどう受け止めるかがすべてなのです。

労働、就労、定職、就職……世間でいうお仕事という言葉は、いろいろと表し方がありますが、一言でいい表せば、お仕事とは「人のためにすること」です。その結果、金品をもらったり、良い思念や言霊をいただいたりするというのは、そういった人からのいただきものを期待してのことではなく、結果としてそうなったということが大事なのです。褒められたいとか感謝してほしいとか金品が欲しいとか、そういったエゴといわれる目的が入ってしまった時点で、本来の良いお仕事とは言えなくなってしまうのです。極端な言い方のようで、これが本来のお仕事というものなのです。

先日、この子が驚いておりましたが、子どもが将来なりたい職業というものをマスコミが紹介していた時、司会者の大人の男性が口にした言葉。「あー、子どもからしたらこの職業だとお金が儲かると思っているのか……」。純粋な子どもたちの多くは、お金を求めていたのではなく、やりたいことという「夢」を求めていたのだと思います。

ゴールデンウィークというものが終わってしまった今日の日本の気は、残念ながらとても低い波動で覆われています。そんなに低い波動を出すのならお仕事を選べばよいのでは？と不思議に思ってしまうほどであります。

最後にもう一つだけ言いたいのは、お金というものです。何度も、この子が述べているように、やはりそういうものなのです。でも、しばらくは地球上に存在するものなのです。きちんとこのシステムを使えばとても便利なものなのですから。だから、きちんとこのシステムを理解して使っていただきたいのです。決して行ってはいけないことは、危機管理と称したまさかのための貯金というものです。そんなことをすると、魔が簡単に入ってまさかを引き起こしてしまうのです。同じ貯金でも、何か良いものやポジティブなことを得るための貯金は良いものになります。夢を得るための手段としてでしたら問題はありません。もし、危機管理というものでためているのでしたら、世の中にはたくさんの恵まれない子といわれている食べ物も必要なものもない子が世界にはたくさんおります。そういった子たちや、お金を必要としていて、お金によって道が切り開かれるという人に分けてあげたほうが、本当の意味での良い使い方になります。すべてが人のためになり、すべてが自分にも素晴らしいカルマとして返ってきます。

生きたお金の使い道というものをもっと考えてそのようにすれば、世の中の波動がもっと上がっていきます。マネーゲームで得たお金と本来のお仕事で得たお金は全く違うのです。ギャンブルに使ったお金と人のために使ったお金とは全く違うのです。愛と魔というくらい違うのです。

本当に、今回はここまでといたします。ありがとうございました。愛の心を込めまして、皆様に感謝の思いを送ります。

※シューリエは、私にとっての魂の母親です。シリウスで私の魂をこの世に送り出してくれた、つまり、私にとっての本当の生みの親がシューリエです。何万という魂を生んでくれたシューリエは、高次元に存在している方です。シューリエが、直接私に入ってくれた時の感覚を表現すると、頭がびりびりごんごんして、体は電気が走ったような何ともいえない重いような感覚になります。それでいて、とても温かい心地よさが全体から感じられ、いっときでも長い時間をともに過ごしたいと思うのです。しかし、ある程度の時間を共有すると、未熟な私の心身の状態では、結果として厳しく困難なものとなってしまうのです。もっともっと修養してシューリエが入ってくださっている至福の時を、もっと長い時間過ごしたいと強く思っています。

2007年5月11日
高次元の宇宙人（エササニ星）からのメッセージ

あー、うれしいなあ。またこうして入ってくれて、と思ってくださったあなたの気持ちがとてもうれしく思います。まあ、入るといっても物質的次元の入り込むというものではなくて、思念とかエネルギーとかといったそういうスピリチュアルといわれるものが入るわけですから、入るという意味は入り込むとは違うのです。

まあ、今の世の中を見ておりますと、盛んに行われているのが暴動とか争いとかといったエゴのぶつかり合いというものでしょうか。本当に私たちからしたら、人間ってなんでこんなことをするのだろう、違う素敵な選択する道があれこれたくさん用意されているのにと思ってしまいます。まさか、こんなことが、という事態になってみて振り返ってもすでに遅いという物質的事実になってからでは手遅れなのです。面白いことに、あなたが昨日会った方もそうですが、思念がこの世を動かしているということをまだまだ意識していないということがとても多いという現状は、なんでもっとわかってもらえないのかなあと思ってしまいます。

まあ、私も物質がメインのように思っている社会で生きていた時には同様に思っていたのだから、わからないでもないですが、今こうしてスピリットといわれる立場からあなた方地球人類を見ていると、なんとも滑稽にも思えるのです。だって、目の前に、これだけ素敵な選択肢がたくさんあるのに、あえて物質優先で短期的な見方で、さらに保身とか計算とか結果というものとかを求め過ぎて、本当に必要であり根本であり愛である宇宙の法のもとの選択をしないということが多いのですから。

究極という状況になればなるほど、窮地に追い込まれたと思えば思うほど、うわべでの物質的尺度で人間が物事を考えての選択をしても、これはしょせん、たかがしれていること。本当は、真実とか根本とかそういったものを変えるとか良いものにするとかといった選択を、そういう状態でこそするべきであるというのは、宇宙の法のもと、当たり前であるとわれわれは思って行動しています。だから、あなたのとった今日の選択したことや行動は間違っていないのです。先延ばしとか計算上とかといったことではなく、よくいうメリットというかわくわくというか、そういったものを優先しての選択なわけですから、自信を持って正々堂々と自分の行ったこの選択したこと、決断して実行したことを正しいことと思ってくれてよいのです。示してください。どんどん、あとを行く人のために、あなたが身をもってこの先も示してください。

私たちはわくわくしながらあなたの行く先を見守って応援しています。今日、あなたのとった行動の中で、特に私が褒めたいと思ったのは、とことん考えたあげく、わかっている物質的計算や事実を、それはそれとして記憶にとどめつつ、その中で無の境地を作り出し、最終的判断は感覚に任せたということ、それを瞑想だとか神棚や仏壇にすがってではなく、さりげない状態のまま行うことができたということは、本当に素晴らしいことなのです。特別に行うということもこれはこれで必要なことでもありますが、日常の中で、まるで習慣化されているように無の境地に自分を引き入れてそちらの方向から選択し、行動や考えに移すということは、本当に自分でも自分を褒めてよいことなのです。

あなたは、昨日もあなたの前にいる人は自分の映し出しだから、目の前に引き寄せられるものも出来事も、あなたの波動が呼んでいるもの。だからやはり映し出しであると言っておられましたが、まさにそのとおりです。まあ、別に当たり前のことだから特別にここで述べても仕方ないことではありますが、あなたが今日、身を持ってさらに実感してくれたということは、先を行くものとしてとても良い経験をされたなあという、私なりの感想を伝えたくなりました。

あなたがよく娘に言っておりますが、わくわくすることを選択するということの意味が、履き違えられていることもあるので、言葉って難しいなあと感じます。わくわくすることを選択するには、二つの条件があります。一つは、基本的な生活習慣の中で行うということ。これは、最低限のことと、とらえてください。それともう一つは、人や物事との最低限の調和の中で選択することとです。わくわくを選択したつもり、ということがやはり本当のわくわくという言葉を使って私が示してきたものとは、ちょっと違う選択をする場面のほうが、この世の人を見ていると多いことが、残念だなあというか、表現してわかってもらうって難しいことだなあと思っています。

もちろん、私のいうわくわくというものを正しく理解して選択してくれている方もたくさんいるので、そちらのほうのうれしいという幸せであるという気持ちのほうでいっぱいであるということですが、残念だなあという気持ちもあるということです。

私がこのたび地球のアセンションのお手伝いをしているのには、個人的なセッションと集団としてのセッションとの二つの目的があります。今日、ここまで述べた内容は、同時に行ったセッションですので、この方に個人的に述べつつもみなさんを意識したものやその逆のものもあますが、あとはどう受け止めていただくかはみなさんにお任せいたします。

このような場を設けていただき、私の言葉を書き表してくれたこと、そしてお読みいただけたことに深く感謝いたします。ありがとうございました。

2007年5月11日
「ペットについて」
大草原の中を　優雅に群れを成す牛たち
本当は自由が大好きなんだね
豚だってそうだよ……鶏だってそうだよ……
狭い所　嫌だもん
暗い所　嫌だもん
やっぱり自由に生きていたいもん
たくさんの経験がしたいもん
だって生まれてきた目的は人間と同じだから……
幸せになりたいからだもん！
魂を高めたいからだもん！

急に目頭が熱くなり書かされた詩です。人間の食料として育てられている動物達の思いが伝わってきたのでしょうか。
しかし、人間による無償の愛により、ペットとして飼われている動物は少し違ってくるようです。安心や安全、物質的にも食料や住家などを与えられている中、人から受ける愛、そして人に愛を与えるということ。そして人と調和を図るということは、動物が魂や智恵を上げるには、野生で生きているよりもはるかに大きいということです。だから、野生の状態に比べると自由とか広さとかといった状態においては劣ってしまいますが、そうでない多大な恩恵を受けているということです。

ちなみに、最も知的に高いといわれる動物は、確かに以前は猿でした。しかし、高次元のスピリットによると現段階では、1位が犬、2位が猫、3位が猿だそうです。

Chapter 8

2007年5月16日

まとめ　～序章～

昨日あたりからぐるぐると何度も巡ってくる言葉。

「まとめを書きなさい！」

なんのまとめかといいますと、この状況においてわかったこと、感じたことなどの現段階のことだそうです。そして、それをわれわれ（つまり宇宙の高次元の同志や地球の天上界の神霊界）がサポートするから、私は書こうと思ったら書く状況を作ればよいとのことです。

私の物質的状況は、やはり厳しくなる一方です。でも、高次元のみなさんは、もう大丈夫だから終わるから次なることに全力を注いでくださいとおっしゃるのです。だって、来週はついに弁護士と話をしなくてはならないかもしれないという状況で、来月には家も土地もないかもしれないという経済的な計算の状況に追い詰められているのに、それすらもそうなってから考えればよい、取り越し苦労はしなくてもよいとのことです。いつもそうですが、もう終わったとかすぐにとかという高次元の方々の感覚と人間の感覚とが違うことが多いので困ってしまいます。まあ、確かに、もうだめかなと思われた物質的状況であったのに、まだ、こうして普通に生活できているわけですから、人間の尺度って、私の尺度ってまだまだだなあということを実感しているわけです。

でも、取り越し苦労は必要ないとわかっているつもりだからそうしているのが現状ではあるわけですが、まとめを書くというのが実に面白いなあと感じています。今朝も来週はついにやばい……といつのまにか考えてしまっていると、やっぱり取り越し苦労はやめるように、まとめを書きなさい……って。もし家や土地を失い財産というものがなくなっても、具体的なことを考えるというまだ起こってもいないことに対する取り越し苦労はせずに、「ベストであるわくわくする選択をしよう」という一つ目の予定を立てればよいとのこと。

逆に、宇宙か神か霊界か人間か……いずれにしても同じ一つの根源でつながっているわけですが、そういったところからの支援を受けて、物質的状況が厳しくなくなったとしても、やはり同様に「ベストであるわくわくすることを選択しよう」と、今はとにかく次に起こることに対しては、それだけを予定として考えればよいとのことです。

いつもそうですが、宇宙の神の教えはとてもシンプルで簡単。人間が勝手に複雑化しているだけと思いました。今回もそうです。私が一生懸命に取り越し苦労をして複雑化しているけど、結局のところ、いつも結論は目の前のことを解決するために全力を尽くしわくわくすることを選択するということ。ただそれだけのこと。だって、結果としては、だから面白いように現段階では幸福感だけが訪れ残っているだけ。後付けで考えると、結局何も悪いことは起きておらず、家族の幸せ度数は上がるばかり。出会いもやっぱり最高なことばかり。いろいろな方々に助けられて、愛を感じ、それがすべてめぐりめぐって愛に満ちあふれていく。ありがとうございます！　ありがとう！　って、ここ数カ月は、さらに言ったり思ったりする回数が増えました。

2007年5月16日

まとめ　～愛とは～

愛とは……そんな定義や根本であるものは何かとかどういうものであるとか、それは言わずとも知れていること。それこそ、その人が愛をどう定義するか、どのようにめぐらせているか、ということによってその人の愛の度数がわかります。愛の度数の高さとは、そういうものなのです。愛の度数とはいっても、本当は単純に数字で表せるものではないけど、アミの本には子どもにわかりやすいように数字で示しました。でも、本当は質とか波動とか魂の状態とかいろいろなことがからんでくるので、単純なものではないことはわかっていると思います。そして、この愛の度数がどれだけのものかというのは、オーラといわれるものにすべてが映し出されます。どんなにうわべでとりつくろっても、オーラはその人の生き方そのものだし魂そのものだから、そう簡単にごまかしたり変えたりすることはできません。

でも、別に、オーラが見えるとかわかるとか、そんなことはどうでもよいのです。何が言いたいのかというと、この先、地球がアセンションするにつれて、このオーラである本質であり本心であり本来のその人の愛の度数も、うわべではない思念とか想念とかというものが、お互いにわかりあった上で調和を保つようになるということです。だから、今現在の次元においては、言葉や態度といった五感の部分でごまかしたり隠したり修正したりすることはできても、この先はそういうわけにはいかないのです。みんなが、シンプルにストレートに、その人の持つ愛にしたがってそのままの魂と精神と心とが一致した状態で生きていくのです。

以前の日記に、お金や物といった物質的財産は一夜にして得ることができるが、一夜にして失うこともある。しかし、愛という財産は、地道に積み重ねて得ていくものであり形にして見えないからわかりにくい。ただし、物質と違って簡単に失うことはない。そんな内容のことを書いていましたが、まさにその言葉を思い出し、こつこつと積み重ねるのです。面白いことに、目に見える状態とか言葉とかといった状態で愛を積み重ねているつもりの人がいますが、本当の愛とはそういうものよりも、もっと謙虚で人知れず積み重なっていくもの。あたかもごく当たり前のようで、でも後で振り返ってみたり、人に感謝していただいたり、そんなことで、ああ、これって愛を与えて返していただくという素晴らしい愛のめぐりだったんだなあと気づくといった、愛ってそんなさりげないものなのですが、とても大切なものなのです。

以上、アミと私の合作。

２００７年５月16日

まとめ　～愛とは　その2～

ありのままの自分とはなんなのか。自分にとっては窮地に追い込まれたというような危機的状況になって、あらたに発見できたことがいくつもいくつもあった。危機的な状況の中、物事をどう受け止めてどう考えてどう行動するのか。経験してみないとわからないが、経験してみたら実に面白かった。

自分を取り巻く愛とはなんなのか。やはりそんな危機的状況になってみて、改めて感じる素晴らしいものがたくさんあった。やっぱりすべてが愛なんだ！

無償の愛とはなんなのか。よく、家族の愛とは……という話に使われるが、今、いっしょにいるとかいないとか、今世でどれくらいのお付き合いの時間の長さや深さがあるとかないとか、そういったことは全く関係ない。今をどう生きているかの波動がすべて。無償の愛という気持ちを持っていれば無償の愛が返ってくる。やっぱり愛のめぐりである。カルマである。

愛の度数を減らすものはなんなのか。もちろん、一番の要因はエゴ。エゴが減れば愛が増える。愛が増えればエゴは減る。

もう、すでに今の世の中、どんどんうわべによるごまかしは通じなくなってきている。

これも一つのアセンション現象の表れ。まことの大和の世が成る。

Chapter 9

2007年5月16日

アミ（高次元の宇宙人）からのメッセージ

あんなふうに生きていくって素晴らしいよね、そんなふうな人がいるといいねって、あなたはよく思っているけど、いったいどうなのだろう。やっぱりあなたの周りにはいないのかな。

つなぎ合わせるっていうのはどうかな。あの人のこの部分とあの人のああいうところと……そうすると、素敵な生き方っていう青写真が出来上がるよね。つまりね、人って良いところをつなぎ合わせれば、みんな最高の生き方をしているんだよね。良いところっていうのは、宇宙の法に則しているっていうことだよ。あんまり、一つの言葉に神経質にならないほうがいいかもよ。大丈夫だから。みんなちゃんとわかっているから。

何もしないっていうことが、だから何もしていないからよくないかっていったらそれはそうじゃなくて、何も行動していなくてもちゃんとその人の魂は動いているからそれはそれで良いっていうこと。暇だとかたいくつだとか、それはあんまり良くないけど、でも悪いことではなくてかわいそうなこと。

あとね、世の中の見つめ方って、今のように大きく見つめて感覚的に分析するっていうやり方が、やっぱり最高だよね。まるで、冷めているのって思うくらい冷静に感情を入れずに見つめるっていうことがやっぱり大切なんだよね。そういうことが言いたいんでしょう。

あとは、僕たちのような宇宙人の存在の今後のあり方っていうけど、やっぱりしばらくは今のままで変わらないかな。でもね、本当にうれしくなっていることの一つに、ものすごい勢いで目覚めていく人が増えていて、僕たちの言葉をひろってくれて生かしてくれたり世に還元してくれたりすることが、どんどん増えているんだよね。もう、地道な活動なんて言っていられないくらい、急速に、でもぼくたちからしたら予定どおりに進んでいるんだよね。やっぱり愛する地球のためだから、すごくうれしいことなんだよね。

2007年5月16日

モーゼからのメッセージ

モーゼからの言葉を聞きたいという希望により、私からのメッセージを伝えます。日ごろより、この方には直接的にたくさんのメッセージや私なりの力を授け続けているので、ここのところはモーゼであるということをわざわざ伝えないようにして、影のように見させていただきました。以前はよく表面に現れたのが、最近はそういう状態になっているというのは、そういう思惑だからです。あなたが、時々私モーゼ以外のさまざまな以前よく表れた方々に対してもそう思われていますが、やはり同じことなのです。まあ、自己紹介というようなそんなことを人間的に言えばしていたというのが、あのころの次々とわれわれ高次元といわれるものや宇宙の同志の方々が出てこられたのは、そういうことなのです。あ、わかっている、と今思われましたが、これで実感していただけたことと確信しました。

このたび私が伝えたいのは、宗教というものについてと否定や制限というものについての関係です。よく、宗教といわれるものの中でも、大きく分けて二つあります。一つは人間的なもの、そしてもう一つは神的なものです。まあ、残念ながら、これまで団体を作って活動してきたほとんどの宗教がこの人間的なものに属してしまいますが。また、もともと神的であったのに、エゴといわれる醜いものが入ってしまい、結局は神不在の人間をあがめてエゴの獲得第一主義となってしまうという悲しいことは多々ありましたし、今もとても多いことを嘆かわしく思います。

この、宗教を神的なのか人間的なのかということにおいての見分け方はただ一つです。それは否定と制限です。神は否定しません。他のものを批判しません。拒否もしません。人間の行動を制限しません。すべての根本は愛であり、愛だからこそ人それぞれの自己責任であり自由意志によるものなのです。わが神を信じなさい。そうすれば救われますよ。他の神を信じるのをやめなさい。こんなふうに神は人間のような自分だけを信じろなどというエゴは持っていません。他の神も人間も何もかも、もともとは一つなのだから、他のものを否定した時点で、自分を否定したことになります。そんな道理にかなっていないことを、神が宇宙が人々に伝えるはずがありません。金品を持ってこい、そんなはかないものを神は要求しません。人間のエゴなのです。自由意志に任せます。そういうことで、神に対する敬意をあらわすのでしたら良いのです。そうしなくてはいけないという制限は人間的です。

今、真の宗教がたくさん芽生えてきています。とてもうれしいことです。地球神界の神々も大いに喜んでおられます。確かに、これまでも集団としての宗教において、神と交わってきた宇宙の法のもと、素晴らしい宗教活動もいくつもありました。今でも当然、健在しています。でも、この先の宗教とは、別に集団になって気を高めて神のような高い波動とつながるような手段をとらなくても、個人レベルで神と強く高くつながり、本当の宗教というもの、信仰というものが築かれていくのです。

古来からやおよろずの神々に対して、敬意をはらい身近なものにも神が宿っていることを知っていた神国日本は、やはり他の国々とは違うのです。今、あなた方が日本に生まれてきたのには大きな理由があります。あなた方は、この神国日本において神とより高く深くつながり、世界の中心になるための一員として成長し続ける義務のようなものがあるのです。義務といっても、やはり自由意志です。あなた方次第です。あなた方の目覚め方、今後の生き方次第なのです。もう直前にまで迫ってきているあの時に向かって、とにかくいち早くより高くより神の方向へと進んでいくべきなのです。それが、私モーゼの願いであるのです。

私はいつでもみなさんを見守らせていただいています。私は、特に神から授かったお力の中では強さというものを持っております。もし、道につまずきくじけそうになったとき、弱い自分が強い自分を押し破ろうとした時、そんな強さがほしいときには、私、モーゼをお呼びください。私なりにお力になれるとうれしいです。みなさんとは、そういう関係なのです。

Chapter 10

2007年5月22日

三つの世界

三つの世界を同時進行している自分を認識している。本当は三つどころではなく、膨大な数の世界を同時進行していることも認識している。でも、特に強く実感して認識しているのがこの三つの世界。

一つ目の世界は、俗に現実世界といわれている三次元の物質世界。私が自分の存在を自分の魂の映し出しとして一番身近に感じているこの世界。現状はお金というものがないために、さまざまな魔の攻撃を受けてはいるが、逆にたくさんの素晴らしい学びや魂の向上に向けての経験をさせてくれている。あまりにも多くの波動が混在している中、ここのところの波動の高低差が日増しに大きく二極化してきていることを強く感じている。

二つ目の世界は、三次元の物質世界のすぐ近くにある、明日にでも実現できそうなパラレルワールド。物質的ないろいろなことが解決に向かっているが、それでもやはり数百万円というお金が足りない。逆に言えば、その金額が手に入ったら、すぐにでも近くに出来た新築のアパートの一室を借りて、ヒーリングルームの完全復活。この世界はわくわくだけが存在。すぐに身をおくことができる。波動の低いものも魔も存在しない素敵な世界。

三つ目の世界は、俗に夢とか理想とかといった世界。でも、これが本当の私の世界。ただし、そう簡単には行くことができない。自分の波動が思い切り高くならないと、この世界にどっぷりと身をおくことができない。少しでも低い波動が入ると、たちまちこの世界から出てしまう。私の大好きな海が見える小高い所で、畑を耕し、ペンションにいらした方をもてなし、スピリチュアルアドバイスでできるだけ多くの人のお役に立つことを主な仕事とし、宇宙や地球のスピリットとのコンタクトを楽しむ。

2007年5月27日
カルマの質問に関して

「質問です。時々聞く話なのですが、犯罪にあったときや嫌なことをされたときに、前世で自分が加害者側で、今の加害者に同じことをしていたからそのようなことにあうのだ。職場、学校でいじわるされたら、前世でその人をいじめていたのだ。暴力を受けるのは前世で自分がその人に暴力をふるっていたのだ。などなど。前世からのカルマだから仕方ないとか。どのように感じられますか?」

結論から述べますと、地球においては転生輪廻が実際にあるという中、宇宙の完璧な法則であり寸分の狂いもなく宇宙全体に浸透していることである「波動の法則」と「カルマの法則」ということですべて説明できるかと思います。

カルマは完璧にめぐっています。自分以外の者に向けた波動は必ず自分に返ってきます。良いといわれることもそうでないことも同様です。ただし、必ずめぐって返ってくるとはいっても、物質次元の同様な出来事として返ってくるかどうかに関しては、ケースバイケースとなります。例えば、相手に対してひどいことを言ったから、自分もそういったことを言われるとか、人を殴ったから誰かから殴られるとか……そういった物質的にめぐるかどうかはケースバイケースということになります。そうではなくて、ここでいう完璧に宇宙においてはたらいているカルマの法則とは、波動がカルマとしてめぐってくるということです。そして、人はみな奥底ではつながっているので、ある特定の人に向けた低い波動が、その本人から返ってくるとは限らないということです。人同士の場合は、思念とか想念とかといった波動が大きくはたらきます。

具体的にどういうことかといいますと、例えば、自分がある一人の人に対して暴力を含めたいじめにより、相手が嫌な思いを強く抱いたというケースの場合で述べます。自分が相手に嫌な思いを向けて、行為として暴力を含めたいじめといわれていることを行うことにより、相手を陥れるとか嫌な気持ちにさせるとかという行為や思念を相手に向けるという、低い波動を相手に向けているという状態ということになります。さらに、相手が自分に対して嫌だとか怖いとか悲しいとか肉体的な苦痛のつらさといった極度に低い波動が生じて、自分に強く向けてきたとします。この場合、その結果のカルマとしては、相手に向けた波動と相手が抱いて自分に向けてきた波動とを合わせた波動が自分に生じて影響を受けます。そして、この波動の法則とカルマの法則とがはたらくことで、この自分の持ってしまった低い波動に見合ったことが現実化するのです。

この、現実化する内容は、最初に述べたとおり、同じような出来事が現実化するかどうかはわかりません。ただし、同じ質の低い波動から起こる現実がめぐってくるし、低い波動は反省してあらためない限りどんどん低い状態に堕ちていくので、自分に現実化として現象や出来事として起きるときには、もっと低い波動となって返ってきます。逆に言えば、そのときのことを反省し謝罪をするとか、そういった思念を相手に向けるとかという高い波動を送り、少しでも改心してその後に高い波動を持ち続けていけば、それもめぐってきて質が変わってカルマとして返ってきます。そして、このことは今世においても前世においてでも、同じ魂が行っていることなので同じであるということです。ただし、そうとうな特別の場合を除いて、個人的な関係ということにおいてのカルマは、生きている時にすべて果たしていますので、次の生まれ変わりまで引きずっているというようなことは、とても少ないということです。

犯罪にあったときや嫌なことをされたときに、前世で自分が加害者側で、今の加害者に同じことをしていたからそのようなことにあうのだ、職場、学校でいじわるされたら、前世でその人をいじめていたのだ、暴力を受けるのは前世で自分がその人に暴力をふるっていたのだ……と書かれたご質問の内容に関しては、簡単に言えばそうかもしれないし違うかもしれない。でも、違う確率のほうが大きい……ということです。

そこで、もし、今世において自分にこのようなことが現実化しているとか知人がそうであるとかといった場合には、具体的な解決策の参考になるかもしれないことが、今、感覚的に入ってきているのでお知らせします。

このようなことがもし事実として現実化していた場合、この出来事が過去の出来事からきているカルマなのか、今の自分の波動が導いている出来事なのか、それは何なのかということが具体的にわからなくてもよいのです。わかったほうが早く解決するなら、前向きに対処して解決していけば、その中でわかってきます。今世のことだったら必要なことが多いかもしれませんが、前世の場合は大して重要でない場合がほとんどです。つまり、どう解決するかというのは、この現実化した「事実をどう受け止めるのか」そして「相手に対してどのような波動を向けて今後のカルマをめぐらせるのか」ということが今後のすべての状況を作り出していきます。

たとえネガティブな事実であっても、自分にとっては乗り越えていくことが必要ということから神が与えてくれたベストな状態であり必然であると思い、目の前のことを一つ一つ解決し、取り越し苦労はせずに、常に相手を思いやり、神を信じ宇宙を信じ、前向きでいようとすることが大事です。いじめのような嫌なことをしてきたりトラブルを起こされたりする相手に対して、愛とか慈しみとかといった高い波動を向けるのは難しいことかもしれないけど、「かわいそうに」とか「愛をもてるようにがんばってね」という慈しみの思念を、自分が落ち着いた状態になってからならば向けることは可能かと思います。「かわいそう」という思念はネガティブなようで、慈しみという高い波動なのです。

相手の、トラブルを引き起こすとかいじめるとかといった行為によって起こる低い波動のカルマや波動の法則は、その相手にはさらに低くなって必ずめぐってくるわけですから……やっぱりかわいそうに……がんばってね……だと思います。そして、相手に対して慈しみという高い思念という高い波動を送れば、自分も高い波動になるしカルマとしてめぐってきます。

前世のカルマだからしかたない……そんなことは決してありません。どう受け止めてどのような波動でいるかとか相手に向けるかということによって、質を変えることができます。カルマの質が高くなれば、必ず高い質となったカルマがめぐってきます。これは、自分から引き起こしたトラブルなどの低い出来事よりも、相手から引き起こされた場合の方が、質を大きく変えやすいということです。怒り（恨み）・不安（心配）・強いエゴといった低い波動は簡単に作り出すことができます。

でも、本当は必要のないものなのです。すべてが自分次第なのです。ただし、この次元の世界に生きていて、このような波動を全く出さずにいるということは絶対に不可能です。でも、低い波動を出したことに気づいて反省し、できるだけ早いうちに……でも、その時点では難しかったとしても、心を落ち着かせてからでもいいから、慈しみや感謝といった愛の心の作り出す高い波動に変えることは可能なはずです。また、もし波動を変えることが難しいくらいに下がってしまった場合には、「ありがとう」とか「トホカミエミタメ」とかといった言霊のパワーを借りるという、形から入って自分の波動を変えるということも対処法としてはお勧めの一つです。

２００７年５月31日
アミ（高次元の宇宙人）からのメッセージ

ほら、よく見ようとすれば見えるでしょ。この、まばゆいくらいに美しい光の粒々が。あられのように天から降り注ぐ白銀色のエネルギー。感じるだけではなくて見えるんだよ。見るともっとうれしい気持ちになれるから見ててごらん。心の目でね。遊んでいたような心で童心に返って心の目をこらすと、まるで一面が雪景色になるのかなあと思うほど、たくさんたくさん降り注いでいるよね。

ほら、あそこに家が見えるでしょ。あれが、あなたの家だよ。なんだか小さな家に見えるけど、近くに行けばわかるよ。家族みんなで住むには、十分な大きさだっていうことが。ほら、近づいてきたらわかったでしょ。なんとなく素朴だけど、あなたが好みで選んだ家だから、とてもわくわくしちゃうよね。子どもたちもみんな大喜びで、早速家の中で遊び出したじゃない。うれしいんだね。あなたも子どもたちもみんなみんな。家族じゃない人もいるよね。今日泊まりにきてくれた人だよ。まあ、地球に住んでいる人はみんな家族みたいなものだし宇宙のみんなとだって家族なんだよね。基本的にはさ。

何も、こんなことでメソメソすることはないじゃない。何を憂いているの。なんで憂いを感じなくちゃあいけないの。またお金のことでそんなにどつぼにはまっちゃってさ。ちゃんと電話して戦ったじゃない。確かに魔の強さも驚くほどだけど、あなたがしたカルマに対して、きちんと向き合っているじゃない。だから、きっとなんとかなるじゃなくて、なんとかなるよ。誰かが何かがなんとかしてくれるよ。それまで、ただひたすらあなたは機を待ちながら魔と戦い続けるしかないんだよ。落ち込んだらあなたの負けだよ。

あなたは、お金が愛のギフトだとかエゴとかいろいろとわけていたけど、やっぱり単なる物は物でしかないんだよ。つまり、あなたはどんな質の物であっても、道理にさえかなった状態であれば、何も躊躇することなく受け取ってもいいんだよ。あなたは、お金というものを二の次にして愛を与え続けたんだから、愛を二の次にしたお金だって受け取っていいんだよ。何も犯罪とかそんな道理のかなっていない所からきたお金じゃあないんだから。愛のギフトも当然受け取ることはうれしいし、いつでもそれが理想と思い続けることも素敵なこと。ただ、そうでないお金をどうこういえる状況じゃあないことだってわかっているでしょ。だって、それさえあれば、すべて難問と思っていたことが解決するわけじゃない。

そもそも、難問っていったけど本当に難問だったの？　あなたは今まで、自分はこれだけ厳しい状況におかれていると表面では思っているのに、一度たりとも夢というかたちでそんな厳しいとか苦しいとか、そういった場面に遭遇していないでしょ。あなたの、今、目覚めた時からこれまでの間、ぼくが特に感心したことは、一度たりとも後悔というものをしていないということだよ。人間って、すぐに後ろを振り返って後悔というものをして、現実から逃げようとするんだよね。本当に多いよね。そういう人って。でもね、やっぱり後悔なんていうものはぼくの世界には存在しないんだよね。だいたい、後悔するような選択をするはずがないもん。やっぱりわくわくの選択というあなたの選択というものが身についているから、習慣となっているから。

元どおりになりたいっていうこと、これは後悔じゃなくて前向きなこと。結果を過去の状態で例えているだけで、前にしっかりと目を向けているということ。借金というものがないという状態になったら、もう二度と繰り返さないというこの思いは後悔っていうものじゃないんだよ。反省っていうものだし、過去の経験を生かして前に進むっていうことなんだよ。そこの辺は履き違えないでね。

「朝日の豊栄昇るごとく高き尊き御神威(神様のオーラのこと、みいずと読む)・光明（仏様のオーラのこと）さん然と輝きませ」っていう言葉があるけど、そんなふうにオーラを輝かし続ければ、何もかもが一緒になって輝いてくれて、自分のオーラだけで周りもみんな癒されてオーラが大きく輝きを放つ、そんな存在に一人でも多くの人がなっていけば、日本中も地球全体も太陽のように明るく輝くんだよね。星の光って、ただの反射光だけじゃなくて、宇宙のオーラの光でもあるんだよ。だから、星を見ると美しいとかきれいとかって思うんだよ。ただ輝いているだけの電球を見たって美しいとは思わないでしょ。

そんなものなんだよね。多くの輝きって、力って、集結すると素晴らしい光となりパワーとなって、さらに周りを巻き込んで大きくなって、気がついたらみんながぴかぴかしちゃって幸せになっているんだよね。愛って、そんなふうにあとになってその良さとか大きさとかがわかる時ってよくあるよね。これは愛だからやっているんだ、なんて口に出しながらの行いは、どうしてもエゴが入っていることが多いけど、さりげなく謙虚にってそういうのが真実の愛ってことが多いんだよね。そんな感じかな。今、伝えたかったことは。

2007年6月2日
ありがとうテレサ

私が好きな歌手の一人がテレサ・テン。亡くなる前日に、突然テレサの歌が聴きたくなってカーステレオにベストヒット曲集を流して聴いた。翌日、訃報が流れた。今日、テレサのドラマをみて、今、ふと思い、書きたくなったこと。

その時代に必要な人がいる。そのときだからこそ輝く人がいる。そのときだからこそ大きく人々のお役に立てる人がいる。そんな神からの使者である人が、その道を歩み続けてその役割を果たす。こんなに素晴らしい人生は、本来の理想の生き方であると思う。テレサは、そんなお役目を果たした立派な人。

テレサの死に関しては、いろいろと説があるが……私が今わかったことは眠るように亡くなったということ。結果的に、薬によっての副作用や睡眠薬というものが加わったが、本人は苦しむことなく安らかに天命をまっとうしたということ。転生輪廻の目的を100％果たしたということ。

テレサは歌を通して自分のお役目を最大限に表現して人々にお役に立てるよう尽力し続けた。人それぞれ、お役目を果たす手段は違ってくる。違って当たり前。同じ職業でも、人それぞれが違う個々の目的がある。

一般的といわれるこの世とか社会とかの、そういった基準にとらわれないでください。常識といわれる物質社会の基準に惑わされないでください。あなたの基準が正しいのです。三次元であるこの世の基準と感覚的な基準というスピリチュアルな基準と、そして宇宙の法と、融合しているあなたの基準がすべて正しいのです。

少しでも、今の世という中でのすべてが必然であるということ、そして今、急激に次元があがっている最中であるということを感じている方、またはそうであろうということを知った方は、より今の自分が今を生きているということの大切さを実感しつつ、今の自分をしっかりと見つめてポジティブに生きていくことが必要であるということです。今という時を日本人として転生輪廻させてくださった神に感謝し、すべての人が、アセンションに必要だからこそ今の世に存在するということが、神の御計らいによる必然であるということを肝に銘じて生きていくことが大切だということです。

Chapter 11

２００７年６月４日

時の流れ

　ここのところずっとそうだが、１日が早過ぎる。起きたと思ったらもう寝る時間。この比喩は極端だが、でもやっぱり１日がとても早く過ぎていく。

　じゃあ、あなたは今日何をしたのといわれても、何か立派な出来事を話せるかどうかは疑問である。でも、特に今年に入ってからは、１日が半分の12時間くらいに感じる。これは、この地球の流れでありアセンションの前兆からくる宇宙からの贈り物というか地球がそんな状態になることを望んでいるというか、そんなところからの状況であるということは、当然のごとくわかっている。でも、これだけ毎日をこうしてしばらくの間、短い1日を実感し続けると、やっぱり面白いから日記というものに書き留めたくなる。

それなりに充実した実生活を送っている人の中には、多かれ少なかれ、この時間の速度が早くなっていると感じることがある人はいるはず。別に感じないから鈍感といったネガティブなものではないが、少しでも実感している方は、自分は要領が悪くなったのかとか歳を重ねたせいなのかなどと、ネガティブに感じなくてもよい。時計の時間やカレンダーといった物質世界の状況は変わらないけど、本当に時間は早く流れるようになっているのだから。

急激に早くなったことにより、心身がついていこうとしていつも以上にがんばっている結果、疲れちゃって眠くなったり、ぼーっと休みたくなったりする場合もある。何かをそれなりに行っているときはそうならないが、ふとした合間に眠くなる。これは、やっぱり歳のせいとか体力が落ちたとかではない。それだけ、アセンション現象は進んでいて、生身の人間が調和していくのは結構たいへんな場合があるという状況からくるものである。

昨年の10月ごろと、ここ一月半は、わりと急激に流れが早くなった時期。そしてさらに急速に時間が早くなっているのはここ2週間。もし、早いと感じたら、ああ、そういうことなんだって、少しでいいから自覚をしてポジティブに受け止めればすべて解決していく。

自覚さえすれば、体や心といった表面的なものが追いつこうとか、そういった認識の中で実生活を普通に送っていこうとかという状態になっていくから。

宇宙に、地球に、すべてに感謝しつつ、心当たりのある方には少しでも参考にしていただけると幸いと思い、私と誰かとで（誰だかわかりませんが、早く書くようにせかす方が早朝よりいます）書きました。

２００７年６月９日
ありのままの自分

自分をそのままで、ありのままで表現できるってとても楽だし素敵なこと。シンプルでストレートに、心に思ったことや感じたことを、何一つ隠さずに偽ることもなく表現すること。言葉が中心になるけど表情や態度といったこともすべてにおいて、そのままの表現をすること。とても幸せなこと。

よく夫婦間の隠し事は仕方のないこと。そういわれるけど、私は今の時点では何一つ隠し事がないと断言できる。今、と書いたのは、確かに4、5年ほど前までは隠し事はあった。でも、少なくともここ数年は、妻に対してもそうだが、お会いした方々すべてに対し、私自身の感じたことや思ったことをストレートに表現している。私自身のそのままの魂や心といった状態を、言葉や表情や態度や気などで表現している。この日記もそう。もし、そうしているつもりだったら、それはそれで仕方ないことだけれど、私自身はつもりでないと思っているから、こんなに幸せだと感じることが、今世の中のそれ以前にはなかった。それ以前の私は少なくとも、誰かに対しては余計な気を遣っていた。

最近、なんとなく感じるのだが、自分がすべてをあらいざらいストレートに表現したり偽りなく日々を過ごしたりしていると、逆である偽りを表現している人や事実が、とてもわかりやすくなったと思う。これは、別にすべての人々を見抜いているというようなことではなく、世の中をきっと大きく寛容な気持ちで見渡せるように、神が育ててくれた結果として身に付いたのだと思う。

今日放映されたアニメ「しずくちゃん」は、水晶さんという妖精のキャラクターが、人の本心をあからさまにする力を持っていて、言葉で偽りを述べても、本心を暴露してしまうということにより混乱を招くといったストーリーだった。女の子3人が、どうみても変な衣服をまとっているのに「かわいいね〜」と言った男の子に対して水晶さんが魔法を使うと「なにー、そのおかしな格好は。よく人前に出られるね〜」という本心が暴露され表現される。当然、不調和を起こす。いろいろな人にこのような不調和を起こす場面を繰り返すが、主人公のしずくちゃんは言葉も本心も常に一緒。しずくちゃんが最後に一言「えー！　みんなも自分の思ったことだけを言葉にしているんじゃないの？？」

アニメのこんなストーリーを見て気づいた。子どもだから素直で正直……ではなく、大人だから素直で正直であるということが、とても素敵なことではないかと、そうでなかったこれまでの自分と今の自分を照らし合わせてそう思った。だって、特にかけひきもなく余計な気も遣わず、普通にシンプルにストレートに自分を表現して、やりたいことややるべき目の前のことを一つ一つやっていけば良いのだから、これってとても楽であり普通に感じること。

でも、今の自分にはお金の問題だけは、気がつくとちょっと先を考えて波動が下がる。ないものはないし、できることはしていく。それに徹しながら、何か自分のしていることに対する物質的な結果という支援やめぐりを待つという感じである。

まあ、なんにしても、本来の意味のわくわくを選択して実生活を送っていれば、きっとなるようになっていき、それが最良の状態であるということ。

宇宙の法の根本である「愛」は絶対である。

宇宙全体の神のすべてである「愛」は絶対である。

とてもシンプルでストレートである。

2007年6月9日

ストレートにシンプルに

思念だけでも通じ合える。それが、間もなく迎える予定である四次元の世界。言葉や態度などでのうわべによって自分を偽ることはできない。思念が基本であり、言葉や身ぶりや表情等の物質的な表現は、思念をよりわかりやすく表現するための補助的なものになる。

宇宙の中の、四次元以上に位置するすべての星では、これが当たり前の世界である。お互いが愛し合い、偽りもなく争いもなく、心配とか不安とか怒りとかエゴとかといった、地球的なネガティブなものは存在しない。すべてが宇宙の法であり基本である愛によって大調和のもとに成り立っている。

このまま、地球が順調に上がっていけば、間もなくアセンションする。その素晴らしい次元になってもそのままの自分でいられるよう、シンプルでストレートに自分らしくわくわくする生き方を習慣にすることが、きっととても素敵なことなのであると思う。なんだか、普通のことでもあり、三次元の世ではたいへんなことでもあるようにも思えるが……。

２００７年６月14日

マイシャル（高次元の宇宙人）からのメッセージ

今日は久しぶりの完璧なフリーの状態。こんな時、またいつものように、朝、妻や娘を車で送っている最中にたくさんの言葉がわいて出てくる。

帰宅すると、すぐにピキーという宇宙の音が鳴り響き、魂の中心部（直霊）がじわじわと熱くなっていく。体がびりびり感じて軽い眠気のようなものも感じる。気がつくと、パソコンに向かってミクシィを開いて、何かを書こうとしている。書きたくてむずむずする。今日は何を書かせてくれるのか、期待感でわくわくする。気持ちは最高潮に達する。

☆　☆

はじめまして。とはいっても、いつもあなたがたを見ているし、もう古くからの友人でもあるから、あなた方が思い出してくれればわかることだけれど、今の世の地球という場所で人間と宇宙人というかたちで会うのは、初めてということになるのかな。でもね、本当は会っているんだけど、難しいね。人の表面的な記憶と本来の記憶とが一致していないということで、なかなか説明ができないや。まあ、そんなことはどうでもいいんだけど、あらためまして、どうぞよろしくお願いします。

今日はアセンションについて、もう少し実感できるような話をさせていただきます。すでに、この友人には話してあるし、わかっているようだけど、実は地球は過去にアセンションということを経験しているのです。

みなさんも、だいたいでも詳しくでもきっとご存知かと思いますが、約6500万年前という、地質学上でいえば中生代白亜紀から新生代第三期に変わるとき、つまり中生代から新生代にかわるとき、この時がアセンションしたときなのです。簡単にいえば、肉食恐竜を中心とした力の強きものが地球全体を征していき、草食動物や体力の弱い生物が生きながらえなくなるという、いわゆる弱肉強食の全盛の世であった中生代といわれる時代から、急激な変化により、恐竜はすべて絶滅し、それ以外の生物も絶滅したもの、あるいはあらたに地球上に出現したものもいます。この大変革こそが、地球が経験したアセンションなのです。

恐竜やアンモナイトなどの中生代の生物が絶滅した要因はいろいろとありますし、地球上の科学においても認識されています。その要因であることを大きくわけて地球的ないいかたをすると二つあります。一つは、天変地異というものです。そしてもう一つは、病気が蔓延したことです。

ありとあらゆる知識の中で、別段、この知識をしっかり持つことが大事ということではありません。この友人は、とてもこのへんに関しての知識はすでに持っているわけですが、ここで言いたいのは、地球が一度はアセンションしたことが、事実としてすでに地球の人の中の多くの方々、特に日本人は基礎的な知識として多くの方々が身につけているということです。

今回、このように順調に人類の進化が進んでいけば、晴れて宇宙の文明社会に仲間入りをする大きな変革であるアセンションすることでしょう。そして、われわれ宇宙全体の輪にとけこみ、ともに友として多くの愛をわかちあえる和の中に、しっかりと認識した状態で加わることができるようになるのです。なんて素晴らしいことなのでしょう。なんて美しいことなのでしょう。こんなに、また地球のみなさんまでも加わった愛の輪のなかで、もっともっと愛を深く感じあえることができるのですから。

地球の次元が上がったときに、今いる生物の中でも、例えばサメのような、魚や人までも食べてしまうような野蛮な肉食の魚類は、地球上から姿を消すことでしょう。猛獣や毒蛇も同様です。みんな、草木や実などを食べて、争うことのない愛に満ちた地球へと変わっていくのです。

それにはどうしても、あの中生代の終わりに起きたような大天変地異や、治療が不可能になるような病気が流行するような状態になる可能性が大きいということです。

次元が上がって、この世が大きく変わり、愛に満ちた生活を皆が求めて実感できるようになる。今ある悪性のウイルスとか殺菌類もなくなるので、病気にはならなくなっていく。争いもない、すべてが愛に満ちた平和な世界。宇宙の文明社会ではこれが当たり前のことです。そんな宇宙のみんなで宇宙連合なる地球を応援している集まりをつくっているのだから、この仲間に入ってくれたら、お互いにうれしいことばかり。考えただけでもわくわくしちゃいませんか。

愛しき地球の皆さん。今のご自身の生活をせいいっぱいポジティブに過ごしてください。そして、人を思いやり自分を大切にし、この世もあの世も宇宙も何もかも、ありとあらゆるものに対してたくさんの愛の心を向けてください。すべてが、あなたに、そして地球に宇宙に、カルマとしてめぐっていくのです。

私の名はマイシャルと今、名乗ることに決めました。なんだか地球の言葉でイニシャルという響きが気に入ったからです。それと、マイトレーヤーと深く結ばれていることも含めてです。私は地球からは認識されてない星に存在していますが、アボガド星の宇宙人とでもいっておきます。まあ、私が誰であるなどはどうでもいいことでして、私の言葉が少しでもみなさんのお役に立てたならば光栄であるという思いを込めまして、この場を閉じたいと思います。ありがとうございました。

2007年6月15日
古代文明アトランティス

私はアトランティスのことを全く意識したことがなかった。古代の文明で存在していたかどうかがなぞである……というくらいの認識しかなかった。それが、昨年末ころから宇宙のみなさんにアトランティスのことをいろいろと教えていただいた。私がアトランティス文明に存在していたこと。そのころの仲間の中の何人もの人と、今世で再会していること（当時の名がドァウ・モエル・アマンダ・デンプ・ゥレリィエール・ユンフィアなどのみんな）アトランティスはどのような文明であったかということ。どのようにして滅びてしまったかということ、などなど。

書店に行って、アトランティスに関する本を何度も開いてみた。面白いことに、読もうとしても読む気にならない。どの本もそうだが、結局は実在していたか否かということに関することとか、どこにあったかとかいつ栄えたとか、そんなことがたくさん書いてあるようだった。当然、今のところは確実に存在していたことを示す物的証拠が残っていないのだからこのような内容になるわけだが、私にとってはやはり興味がわかない。何が真実かとか何が間違いかといったことなどはたいしたことではない。過去のことはすべてがそうだが、過去の事実から何を学び今にどう生かすかが大切。

今、この日記に私がわかっているアトランティスのことを書こうと思ったのに、結局書く気にしてもらえない。今までも、何度も書こうと思ったのに書けない。何人もの方に話したことはあったのに書けない。

今、書けるのは、アトランティス文明の最高の時代とは、人々は愛と大調和の中で暮らし、宇宙のみなさんや地球の神霊界とも今以上に近い存在だったということ、この高次元の存在からたくさんのメッセージや物質的な支援や恵みを与えていただいていたということ。そしてそんな時代は長く続かず、人間のエゴが徐々に強く出てきて、支配とか争いとかが始まり、宇宙のみなさんや神といった存在から遠ざかっていき、結果として崩壊の道を選び水の中に沈んでいったということ。

四次元の世界にとても近かったアトランティス文明が、人間のエゴのために落ちてしまい崩壊してしまったということ。これは、古代文明ムーも同様ということ。

アナカスァトォァル　アフォランフィス　マイチェル　コンフィユードゥ

「この素晴らしきアトランティスの世が永遠に続くことを願う」

サンフィア　アフォランフィス
「アトランティスよもう一度」

Chapter 12

2007年6月26日

子どもは経過を重視・大人は結果がすべて

すべての出来事も自分自身の状況も、全部が経過であり結果でもあるということのお話から始まります。

——私が今、パソコンの画面を見た。特に何も考えてはいないけど、またきっとそれなりの答えを書き出すだろうと思っている。日記を書き出した——

これは少し前の今の私の行動と心の状態を表したことですが、すべてが結果ということになります。つまり、瞬間を単位とすれば毎瞬のすべてが結果の連続であるということになります。でも、日記を書くという一つの物事を完了させるという単位でみると、すべてが経過となります。そして、日記を書き終えて読み返し、誤字脱字をチェックし終えて公開した時点で、日記を書くということに関しての結果となります。ただし、今度は私自身の1日という単位でとらえたときには、日記を書いたということは経過に過ぎません。1日を終えた時点を寝る時と考えているので、私が寝るときにどう思っているかとかどのような状態なのかが結果となります。こうして広げていくと、人生が終わるときを結果としてとらえれば、それまでのすべてが経過になりますし、魂の単位になると、人生すべてでも経過となるわけです。

何を伝えたいかといいますと、私がコメントに書いた「結果」とは、私の考えている単位における結果に限定されてしまうということが前提となるということです。そして、一つの単位でも、五感的（視覚・聴覚・触覚・嗅覚・味覚でわかること）な観点と波動の観点という二つの観点があります。

私が結果ととらえる単位とは、あのコメントに関していえば二つの単位に限りました。まず、一つは、一つの出来事が終わったと思ったときです。もう一つの単位は、1日という時間で区切っています。ここでいう1日とは、朝起きてから眠るまでの間です。

私は、どちらかというと、一つの出来事の結果よりも1日を単位とした結果を重視しています。その理由はいくつかありますが、一つの理由としては寝る前の波動の状態によって寝ている間の波動が変わってくるからです。私の場合は平均6~7時間は寝ますし、子どもたちはそれ以上に眠ります。寝る前に心配や不安や怒りや強いエゴといった波動が下がった状態のまま寝ようとすると、なかなか寝付けなかったり寝てからも夢見が悪かったり体のバランスを崩してしまい体調が悪くなったりするとか、朝になっても体が重くてなかなか起きられないなどのネガティブな状況になりやすく、1日の始まりである寝起きから波動が下がった状態になってしまいます。逆に、充実感や幸福感などのポジティブな波動のまま眠ればそのまま朝も快適に迎えられます。

他の理由としては、一つの出来事の最中であったり五感的には結果が出ていたりした現象を、その時点ではネガティブにとらえてそのままになっていたとしても、1日の終わり間近に、冷静になって考えて自分なりに整理してみると、逆にとてもポジティブな出来事だったと実感できたとしたら、1日の単位の波動の結果は高いということになるからです。

世間の中では、一つの出来事を終えたときに、結果という表現をする場面が多いと思います。だから、私の一つ目の単位はもっとも一般的であることですし、1日を単位とすることは、きっと次に多いことだと思いますので、やはり特別でもなんでもないということだと思います。だから、きっと私の中では、自分で思うときも人に表現するときも、結果という単位についてを深く考えたことがなかったし、詳しく表現する機会もなかったのだと、今、思いました。

これも当然のことだと思いますが、その結果の中でも、一般的には五感でわかるものを結果と表現して重視する場合が多いのではないかと思います。でも、私の場合は波動がどのようになるかという結果のほうを重視しています。五感でわかる結果が、望んでいた結果として現象化されればポジティブに感じるのは当たり前です。そうでない結果として現象化したとしても、それをどうとらえてどう受け止めたかがすべてであると思っていますし、その波動の結果が少しでも高い状態でいるように修養を積むことが大切だと思っています。

就労して職務を全うする際に、会社や上司から期限を区切られて任せられたことをやり終えることができなかった時、「体調がすぐれなかったために（がんばって努力したのに、などの情緒に訴えることも同様）終わりませんでした」では何の解決にもなりません。結果としては、職務を全うできなかったという五感の結果と、職務を全うしなかったために起きる職場での不調和を生み、職場の人間や自分自身の波動を下げるという結果になってしまいます。

子どものことについては、大人が行っている教育やしつけといった中において、体調が悪かったとか努力したとかという経過を重視されるのは当然です。結果がどうだったかということよりも、どれだけ努力したか、考えたか、経験を積んだかという経過が評価される場合が多いですし、体調が悪かったのなら仕方がないという情緒の問題で、体調が良くなったらがんばるという結果でも許されるのです。

特に小学校やそれに順ずる場において教師という立場で教育をお仕事としてしていると、子どもたちの経過を評価するということが身についていく人が多いです。これは普通であり良いことでもあるのですが、大人である自分たちの仕事に関しても同様にとらえる方も中にはいます。忙しくて忘れたとか、私なりにがんばったけど終わらなかった……。そんなことを、公然の理由として位置づけるということがあります。中には、休んで逃げちゃうとかということも。さらに、最後まで自己責任を取らせないで、善意の名のもと、勝手に違う人がやってあげちゃうとか。笑ってごまかして先延ばしにしちゃうなんていうこともあります。経過は単なる経過。仕事が終わっていないという結果は変わらないわけだし、それによって人に迷惑をかけたり不調和を生んだりしたのだから、経過は関係ない。その状況の中で、今後どのようにするかという解決策が重要であるし、何よりもそのような結果に至らないようにするという自己責任があるということを大いに反省し自覚するべきであると思います。ちょっと履き違えてるんじゃないの!? って思いますが、みんなじゃなくて、そういう教師も中にはいるということです。まあ、教師でなくても社会にはそういう人もいるわけなので、ここで限定しないほうがよいわけですが。

ただ、ここで言いたいのは、教師というお仕事はそれなりの大きな役割と責任が必要であるということです。大人としての自己責任のもとのお仕事として子どもを教育し、自分は大人であるという自覚のもとで、子どもに対しても事務処理や他の職員との連携等の子どもとは接しない部分の職務に関してもまっとうしてほしいということであります。

ここでいう、子どもと大人の違いは何かといいますと、自己責任の大きさの違いということになります。しっかりとした線引きは難しいかもしれませんが、当然、自己責任が大きいのは大人で、小さいのが子どもということになります。これは、環境・境遇・立場・心身の状態などによって人それぞれだと思いますので、一概に何歳になったら大人であるといった年齢による定義は難しいです。

「大人は結果がすべて」という表現については、一言でいえば大人は自己責任が大きいためにに、自己責任が伴う出来事が多くなるわけですから、常に一つの単位とした五感的結果がどうであり、波動の結果がどうであるかということも、子どもに比べたら度合いがとても大きいということです。人間の考えた法律も少年法や学校教育法などの主に子どもを保護した大人以上に結果をとがめずに経過としてとらえて、大人になってから子どものころの経験をふまえて反省して、どのような自己責任がとれる大人になるかを期待するというものもあるのは、そういったことからだと思います。

一生を単位とした結果について少し書きます。極端な例えになりますが、今まで、どんなに愛に満ちあふれた生活をしていても、一瞬の魔に侵されて強盗や放火などのとりかえしのつかない罪を犯したとします。それまでの人生における経過がどうであれ、罪を犯した時点の結果は魔と同じ低さです。とりかえしのつかないことをしたことに対して、一生罪を犯したというカルマを背負って生きていかねばならないのです。どんなに素晴らしい生き方をしていて、実際に波動のとても高い状態が続いていたとしても、罪を背負ってその後の一生を終えたとしたら、一生を終えた時点の低い波動のみが自分の魂に積み重ねられます。

逆に、経過が波動の低い状態の連続だったとしても、晩年に気づきや反省を生かすことにより、人のために愛をたくさんめぐらせて奉仕することをして幸せな気持ちで霊界に帰れたとしたら、その人の魂には一生を終える時点での状態である高い波動のみが積み重ねられます。

子どもという立場の場合には、人によっても違うでしょうが、親や親類といった肉親や教師とか社会で接している大人が、子どもに対して、さまざまなことを教えてくれたり与えてくれたり環境を整えたり、時には責任の一部を負ってくれたりするといった無償の愛による保護を受けることができる可能性が大人よりもずっと高いです。3歳児と12歳と40歳では、日本人の平均的な状況としてみたときに、自己責任の度合いは全く違ってくるわけです。3歳児なら、経過がそれなりに道理にかなっていることをしていれば、楽しんでいれば、がんばっていれば、結果が多少失敗したってよいですし、大人の無償の愛による保護の下、いくらでも学んで修正していけます。

大人が子どもに与える影響力はとても大きいということ。そして、親が子に与える影響力はさらに大きく、一生を左右させるものとなる場合もあるということ。そんな中、大人としての自己責任の中に、自分よりも人生の先が長い確率が高く、自分よりも今世の経験が少ない子どもたちに対して、すべての子どもたちに対してもそうですし、特に自分の子や縁のある子どもたちに対する責任というものもとても大きなものであると意識して強く自覚を持ち、生きていくことも大切であるということです。

そういえば、昨日のちょっとかわいそうな出来事を思い出しました。わが子二人と駅近くの大通りで信号待ちをしていたときのことです。私たち3人とサラリーマンと思われる30代前後の二人しかその場にいませんでしたが、子どもたちのいる目の前で、車のなくなった瞬間に、赤信号である中を堂々と渡りはじめたのです。1年生のアマンダも5年生の長女も一瞬あぜんとしていました。私がすぐにアマンダと長女に伝えたこと。子どもの時からの積み重ねという習慣が大切であること。このような場面では、知っている人なら教えてあげればよい。知らない人だったり、言えなかったりした場合には、自分は交通ルールを守ろうという確認をすること。人がやったから自分も渡っちゃえという行動をとると結果は同じ罪になるということ。決して嫌な思いをしたり怒ったりせず、ちょっとくらいがまんすればいいのに、こんなことをするなんてかわいそうな人という慈しみの愛の心を向けてあげること。それが大切であると教えてあげました。そして、最後にみんなで「かわいそうに……」という慈悲の思念を二人の大人に送ってあげてこの経験による結果としました。

最後に……。結果が「すべて」という表現だと経過は関係ないというニュアンスになってしまうのでしょうか。だとしたら、大人は経過よりも結果を重視、子どもは結果も経過も重視、ということになるのでしょうか。このほうが表現としては柔軟性がありますね。すべての出来事を瞬時にポジティブにとらえるということは、物質世界における人間としては絶対に無理であると断言できます。突然、後ろから頭を殴られたとします。誰もが、痛いと思うとか急に何だよと文句を言いたくなるとか、怒るとか悲しくなるとか……何も事態がわからずに殴られても瞬時に許したり感謝したりといったポジティブな状況になる人はいません。極端な例でしたが、つまり瞬時にすべての波動を高めるのは無理なのです。だから、いかに波動を早く高めるか。いかに波動を下げたときの質を抑えるかということです。

　この例ですと、怒りの感情という質の低い波動を持たなくても、痛いとかびっくりとしたとかという感情を持つことで波動は下がりますが、状況を確かめてみたら、誰かの手が間違ってぶつかっただけとわかったら、すぐに許すことができるはずです。経過の中の波動をできるだけ下げないように修養していけば、結果も早く高くなれるのです。

　経過は一つの結果であり、一つの結果は経過でもある。最終的に、神により輪廻転生という機会を与えていただき、今を生きているわれわれは、一生の中での今という時を、どう生きているかということが大切。いつ、人生を終えて霊界に帰るという結果になってもよいように、できるだけ小さな単位の結果がより波動の高い状態になっているほうが、今も幸せだし霊界に帰ってからも幸せでいられる……ということだそうです。

2007年6月28日

奉仕するということ

人のためにお役に立ちたい。人や地球、とにかく自分以外の何かのために奉仕したい。そう思ってうずうずしたり、なんだか無性に落ち着かなくなったりするという状態を、私のマイミクのみなさんには経験している方々が多いと思いますし、現時点でもその状態である方も少なくないのも知っています。

まず、前提として述べておきたいのは、そういった思いを持っているすべての方々に当てはまることは、すでに現時点で自分以外の人のためにさまざまな場面において大いに役立つことをしているということです。中でも家族のため、これは当たり前のようで、やっぱり持っている愛が大きいからできることなのです。子どものため、ご主人のため、お母さんやお父さんのため……そういった親類に対して「純粋な気持ちで」愛をめぐらせるということが、実は当たり前ではないというのが、三次元の地球の現実なのです。それを、当たり前と思っている方が多ければ多いほど、地球の波動はどんどん上がっていくし、もっと愛に満ちた世の中になっていきます。家族という基本である集団の中で愛を強く大きくめぐらせている方は、さりげなく謙虚であっても、隣人やご縁のある人々にもさりげなく愛をめぐらしているのです。

家族への愛という意味では、反面教師という言葉のように、自分の親からの学びは理想である学びとは違って反発的なことが多い場合もあります。まあ、とにかく過去の経過はさておいて、それをどう受け止めてどのように今の自分に反映させているかということがすべてです。

家族という小集団でなくても、友人やちょっとした縁のある方に対しても、知らず知らずのうちに愛をめぐらせているみなさんがいるわけです。

残念ながら、家族という中でも愛のめぐりが弱くて低い質の状態を、時々見受けます。子を思う愛の気持ちが、逆に強い理想を押し付けるとか他者と比較するとかといった親のエゴを押し付けたり、心配や不安や怒りや嫉妬などというとても低い波動になったり、せっかく愛という宇宙の基本法から発している素晴らしいことなのに、結果は低い波動となっていることがよくあります。父母に対しても同じです。大人同士だからこそ生まれる不調和に苦しみ悩むこと。本来は、子どもの見本となり教えを行う責務があるはずなのに……。

でも、エゴとか不安や心配といった低い波動を家族に向けているとはいっても、強い愛という動機から発している場合は、より早く気づくことができれば、瞬時に解決して高い波動にすることができますので、あっという間に高い愛の波動に修正できます。エゴとか不安や心配という動機から発している低い波動からのものは、さらに低い波動を引き起こすことが多いので別物ですが……。

人のため地球のため、とにかく自分以外のもののためにお役に立ちたい。そう思っている方々が実はそれなりに多くいるのに、そして実際にたくさんのお役に立っているのに、なぜ自分自身が納得したり充実感を味わったりするような奉仕ができていないと感じる方がたくさんいらっしゃるか……。

簡単にいえば、三次元的な物質主義のとらえ方と周囲の平均とされる愛の基準の低さによるものであります。

仕事というものは、やっぱりお金というものを得なくてはならないと思うこと。経済的に潤っているという前提があってはじめて、お金を主として必要としない状態で奉仕ができるという考え。お金がなくては普通の生活をしていけないということが基本であるという考え。そういったことが、この三次元の地球の常識のような考えでいる方が多いということからです。

自分が物質的に余裕のあるときには、人のために役立てようとか、社会の中で奉仕をしようとかと思うことができても、自分が少しでも物質的に厳しい状況になると、結局は自分や家族といった身のまわりの人のための保身ということから範囲が狭くなり、愛のめぐりの範囲を狭めて低くしてしまうことがあります。(3月末から4月にかけての私自身の実態でもありますが……）物質的に余裕がなくても、愛の大きさがこれだけ大きい方々ばかりなのだから、霊的な余裕は常にあるはずだし、どんな状況下でも愛に満ちあふれた余裕があるはずです。

真実の愛とは、さりげないもの、謙虚なもの、というように表現されることが多いです。集団で何かをしたり、呼びかけたり、人にはっきりとわかる行為を行ったり……そういった愛あると思われる行動が目立ちますが、実はそうではない、個々が行っているさりげなく謙虚な愛による奉仕は、小さいようでとても大きな愛を生んでいるのです。

少しでも早くできるだけ多くの方が真の愛に目覚め、誰もが本来持っている魂の根本である大きな愛の輝きを放つことができれば、大きな天変地異とか混乱とかといったことを経験しなくても、これだけ愛の満ちあふれる人々が目覚めて集結してきているという順調にアセンションできる状態にきたのだから、よりスムーズに移行できるということ。だって、みんな愛が大きいほうがよいということがわかっているから。素直になればいいだけのことだから。とてもシンプルで簡単なことだと思いませんか。

Chapter 13

2007年7月2日
アミのお母さん（高次元の宇宙人）からのメッセージ

私にとって、常に頭に浮かんでくる言葉。とても基本的であり真をついた言葉。この次元をポジティブに生きていくための大切な言葉。

「足は大地に。理想は高く。心には愛を」

この言葉は、アミ三部作の2冊目。もどってきたアミの中で、アミのお母さんの言ってくれた言葉。とてもシンプルに表現してくれた、三次元においての理想的であり、やはり基本であること。この言葉の意味を、それぞれの立場や状況において、何かポジティブに受け止めてくれたらうれしいなあと思い、紹介いたします。

2007年7月11日

日本神界がわれわれに与えてくれる神気がとてつもなく高まっている

今の時点でもそうですが、今後もより一層世界の中でもアセンションするための中心となるのは日本という国であります。日本という土地も関係していますが、アセンションに関してもその後の四次元という世界になった後も「日本人が中心」になるということです。まあ、アセンションしたあとは何民族であるかとか肌の色がどうこうといった物質レベルのことは全く関係なくなりますが、現時点で日本人として生まれてきて、四次元に存在するにふさわしい生き方をされている皆様方は、心の隅にでもいいですから、そんな栄誉ある使命をお持ちになっているのだということを感じていただければ幸いです。

ですから、日本という国のこれまでの歴史にある背景には、世界各国のさまざまな状況の中の経験を生かして、それなりに集約した形で映し出すようにされてきたのです。このことについては、いつか機会がありましたら詳しく述べることにします。

今、ここで言いたいことは、宇宙からも特別に大切な国として見護られて育て上げられたということもありますが、それよりもこの日本がこうしてアセンションの中心としての役割を順調に果たすべき状況にまで至ったのも、スピリチュアリズムが良い方向で着々と浸透してきているのも、実は神道と呼ばれている古くから日本に存在している日本人の日本神界への深い信仰心と日本神界の大きな力によるものも大きく関係しているということです。

他の宗教と比べた神道の大きな特色は、制限がないということです。「したほうがよい」ということはあっても「しなくてはいけない」とか「してはいけない」といったことが基本的にはありません。ほとんどの神社はとても開放的で、神に祈りたいとか神気をいただきたいときなどの神のお力をより必要に感じたときに神社に伺えば、いつでも迎えてくれて神とより深く通じ合うことができます。神はとても尊く気高い存在であるのに、気軽にいつでもわれわれ人間を受け入れてくれて、御蔭をくださります。

この場で、神道についてとか日本の神々についてとかを述べるのは、あまりにも長くなりすぎてしまうので控えますが、ここで多くの方に意識してほしいのは、すべての愛であり根本である宇宙の神や地球の神などなど、それはそれは無数といってよいほどのたくさんの神々が宇宙全体に存在するわけですが、中でも日本の神々のお力は、地球においてはとても質の高い強いものであるということです。

宇宙の同志のみなさんも高次元な霊界や仏界もそうですが、地球神界の神々も、それぞれの立場における役割の中、この地球のアセンションに向けて大きく動いてくださっています。そして、地球レベルの中において、日本という国が大きな役割を持っています。また、そういう役割を持てるように長い年月をかけてスピリチュアルな存在である高次元のみなさんが育て上げてくれた結果、今という時をこのように迎えることができたわけです。そこで、日本において古くから特に大きな御蔭をくださり、高次元のみなさんをもバックアップするような形でお力をくださっていた日本の神々に対して、少しでも心ある方は、ぜひ、改めてそういったことも含めて、より敬意を表して崇拝していただくことを望みます。

改めて崇拝といっても何日に1度は神社に行きなさいとかこうやって拝みなさいとかといった、強要とか制限とか戒めとかではありません。神社に参拝をする機会があったり神棚やお仏壇に向かって祈りをささげたりするとき、または物質を窓口にしなくても心の中で祈るときでも、とにかく神と心を通じ合う際には、これまで以上に敬意を表しつつ御蔭をいただけるように祈ると、その祈りが純粋であり正しい道であるなどの愛からの祈りであれば、愛の度数が深ければ深いほど、これまで以上に強くたくさんのより質の高い御蔭をいただくことができます。地球神界全体もそうですが、特に日本神界は、今の時点の日本に対してはとても大切であり重要な転の時なので、神界が全力での最高の御蔭を人間に与えてくれます。

日本の神々から御蔭をいただくには、言霊（言葉）でも思念（心の中で思いを唱える）でも、神という存在を意識して心を向けるだけで通じ合い御蔭をいただくことができます。大事にしている神棚やお仏壇があれば、日ごろから窓口にしてエネルギーを通じ合わせているので、よりスムーズに通じ合い御蔭をいただくことができます。神社（神と神社や人間などとを結ぶパイプの役割をする柱ですが肉眼では見えない）が立っている神社でしたら、常に祭られている神と通じ合っているために、神社自体も神気であふれているので場に行くだけでも御蔭をいただけるし、さらに神と通じ合うわけですから最高なわけです。

神社の中でも、残念ながら神柱の立っていない神社もあります。人間が長年粗末にしてしまったり、神主とかそれに順ずる者で神社を管理する人間がお金儲けといった現世利益のような人間の強いエゴを果たす場にしてしまったり、神社という名をつけつつも神道ではないし本来の信仰ではない神の道理にかなっていない宗教をしていたりしたために、常に神と通じ合っているという状態ではなくなってしまった神社がそのような状態になることがあります。逆にいえば、多くの神社がここには当てはまらないので、神柱はきちんと立っているということになります。

参拝してみたいとか気になるとかなんとなく立ち寄ったとか、そういった神社は「気の合う神社」と私は称しています。「気の合う」とは、神社にある神気と自分の気の質が合っているとか、自分に足りなくて補充したい神気を感じるとか、そういった意味になります。当然、神気は人間の気よりも気高く質も深く大きいわけですから、そういった神社に何度でも何カ所でも参拝に行かれるということはとても良いことです。お札はたくさんいただいてもいただかなくても、それもご自身で良いと思うことがすべて最良のことです。神様同士がけんかしちゃうとかいろいろなエネルギーが交じり合ってマイナスになるとか、そんなネガティブな俗っぽいことは全くありません。

産土神社をすでにご存知の方は、ご自身の守護神様に通じる神社ですから、より一層、心を込めての参拝なされることをお勧めします。お住まいの鎮守神社においても、土地を護ってくださっている守護神様に通じる神社ですから同様です。もし、産土神社や鎮守神社を知りたいという方がいらっしゃいましたら、私にお知らせいただければお調べします。準備やお調べするのに多少時間が必要なので、1週間ほどかかってしまう場合もありますし有料ではありますが、よろしかったらホームページをご覧いただき、ご連絡いただければ尽力いたします。

Chapter 14

2007年7月14日

心を開くこと。受容すること

心を完全に開くこと。とても素敵なこと。ストレートであり自然なこと。
目の前の現実を通して、マスコミを通して、パソコンを通して……すべてにおいて心を開いていると、当然、世の中のポジティブな出来事もネガティブな出来事も入ってくるようになる。ポジティブなことはそのまま受容して、共感し取り入れて生かし、高い波動を思う存分味わうとよい。

でも、実際に心に入ってくる情報は波動の低いものもたくさんある。悲しいこと、つらいこと、痛々しいことなどなど……そんな波動の低い出来事をそのまま受容したら低い波動が自分に入り込む。同調して相手に思いを向ければ、その思念というエネルギーが相手に送られて、より相手の波動を低くしてしまう。そんな低い波動を受容するには、低い波動を高い波動に変えるというフィルターが必要になる。経過の中で低い波動に同調したとしても、例えば「かわいそうに」という慈しみの心を持ち相手に向けてあげる。がんばってね」と愛の心で応援してあげる。自分自身でできることがあったら、できる範囲で助けてあげる。何か自分にとって嫌なことを言われても「伝えてくれてありがとう」という感謝の気持ちに変える。

フィルターを通したのにすぐに波動が変わらなくても、結果として慈悲・慈愛といった慈しみの心、感謝、応援する（愛を向ける）などのより高い波動に変えて受容すればよい。どうしても、波動が低いままだったら直接自分に関係なければ削除するという解決策をとってもよい。

心を完全に開くことは、最高なことである。心を開くことにより、フィルターをどのように機能させどのように受け止めるかは自己責任の問題。波動の低いことに対して目をつぶってしまい、心を閉じてしまうことが多くあればあるほど、もし現実問題として自分や家族といった身近なところに災いのように降りかかってきたときには、せっかくのそれまでの学ぶチャンスを逃してしまったがために、フィルターをうまく機能させることができず、現実的により良い方向に生かすことが難しくなるという状況も考えられる。
受容するという結果がより波動が高い状態になることが多ければ多いほど、この世の中においてのより高い次元との調和が成り立つ。

２００７年７月14日
謙虚
「私はこれまでの人生の中で、大きな苦労をしたことがない。だからこのままで良いのか疑問に思い、就労して少し苦労すると思われる道を選んでみようかと思うがどうなのだろうか」
「私は楽をしていると思う。普通にやることはやっているけど、あとは自分のやりたいことをやっているだけ。とても楽しいし幸せだし、このままいられたら素晴らしいことだけど、これってただ単に楽をしているだけなのではないか。能天気で自分のペースで、こんなに楽をしていいのだろうか」
「主人はなんでもできる人。それなのに妻としていろいろとしてあげちゃう。これって、本人のために良いことなのだろうか。高校生の娘にしても、この子育ては良かったのだろうか」

このような内容の質問が具体的な内容を交えながら続き、私がアドバイスをするという時間が約3時間にわたって続いた。

実はこの方、とてもとても高い魂の方。たくさんの魂の生まれ変わりの歴史もあるし、守護霊様になったこともあるほどの方。とても謙虚な方。愛にあふれている方。いっしょにいるだけで幸せな気分になる方。自分をとても低く見ている方。

楽なんてしていない。ただ、普通の人がたいへんとか苦痛とかと感じるようなことも、要領よく平気でこなしているだけ。大きな苦労とかトラブルとかといった、波動を極端に下げる経験がなかったと言い切れるのは、今世では、そんなにきつい経験をする必要がないから。さらに、常に波動が高いから不必要に呼び込んでいないから。だって、繰り返された前世の中ではずいぶんたくさんのそういった経験を通して魂を高めてきたのだから。そして、自分のわくわくに従って、インスピレーションに従って、ご自身が愛に満ちた中で縁ある人みんなをより幸せに導いてきているのだから。

ご主人も幸せ。娘さんも幸せ。あまり口に出さないのは、本当に幸せであるし、その幸せが当たり前のような状態で続いているから。

あまりにも順調すぎると……。あまりにも幸せすぎると……。

このままで本当にいいのかなあというような、不安や心配という部類の何かを、ふと振り返って探してしまう。これは時々聞く話だけど、本当はそんなふうに振り返る必要は全くない。

幸せを感じるとか何かを達成して充実感を味わうとか、そういったポジティブなことを実感したり手にしたりするには、何か特別な努力をしなくてはいけないとか苦労や乗り越えることを果たさねばならないとか、そういうことばかりではない。そうする必要がある場合もあれば、スムーズに得られる場合もある。スムーズに得られれば、無条件に喜べばよい。そして、感謝するとよい。

最低限の調和を保ち、最低限のやるべき物事を行い、最低限の生活習慣を保っていれば、愛に満ちた中で、楽天的でいられること、わくわくすることをしていること。これが、最高峰の生き方。

なんて素敵なことなのでしょう。なんて美しいことなのでしょう。

とにかくこの方は、どこまでいっても謙虚。深い愛。美しい魂。それが、オーラからも言葉からも思念からも、その方のすべての状態から発している。

私が伝えたすべてのメッセージの根本は一つだけ。「これまでのように、あなたらしい生き方のままで在り続けることが最高のことです」。

こんな素晴らしい方が、こんな近くにいらしたなんて……ご縁が出来たことに感謝！この方をご紹介してくださった縁結びのご婦人。類は類を、友は友を呼ぶ。同様に素晴らしい波動の方。すべてが「美」「愛」であふれている方。また、こうして同志とのご縁が広がったことが心からうれしい！

これだけさまざまな質を持った天使と悪魔が入り交じった三次元の世の中で、半世紀近くにも渡り実生活を送っているのに、こんなにも純粋で謙虚であり続けられるなんて、本当に素晴らしいこと。そうめったにはいないはず。

でも、やっぱり四次元の世では普通なこと。

2007年7月17日

額田王からのメッセージ

雨の中に目覚める者もあれば、陽のさす中に目覚める者もある。

闇夜の中で目覚める者もあれば、朝日覚める者もある。

それぞれがそれぞれの状況の中で、目覚めるときには目覚める。

目覚めがなにをきっかけにしたかは人それぞれだから、どうでもよい。

「目覚める」ということがもっとも大事なことである。

目覚めた後に何もしなければ、本当の意味での目覚めたことにはならない。ここでいう目覚めるとは、神の目覚めであり天使の目覚めである本来の自分の魂の目覚めである。

人間として転生輪廻してきた者すべての根源である魂の本質は完璧である。だから、誰もが四次元の世の大調和の中に入ることができる。誰でも、そんな可能性がある。

今という地球にとってのとても大事なときに、転生輪廻してこのように人間として物質化するという、なんと光栄な選ばれし者たち。

しかも、それが日本という美しい国であり大和の国であるということに、改めて喜びを感じてもらいたい。

名こそ残せずとも、愛を残すことができれば、それですべての転生輪廻の目的が成就する。一人ひとりが、そんな謙虚な愛を少しでもめぐらせて分かち合っていけば、素晴らしき大和の世が成る。

額田王としてこの世に名を残しつつも、愛を残すことができたかどうかについてはわからぬ者からの言葉である。

２００７年７月19日
高次元の宇宙人からのメッセージ

人の意識の中には多かれ少なかれ感じているエネルギーもほとんど実感できないエネルギーもあるが、人が影響を受けているエネルギーの中で、実はとても大きな影響を受け、恩恵をいただいているエネルギーが宇宙と地球本体からのものである。

宇宙の中に存在する地球という地で生まれてきた者すべてが、この大きな二つのエネルギーとは常につながっている状態になっている。この二つのエネルギーとつながっているからこそ、今の世に人として存在していることができると言っても過言ではない。それほど、重要なものなのであり大きなものでもある。

それにしても、やはり神は謙虚である。こんなにも素晴らしいエネルギーを与えてくださっているのに、そんな状態を日常的なこととしてさりげなく人は感じるようにご配慮してくださっている。

こんなにも素晴らしく壮大なエネルギーとつながっているのに、それを意識することができてより生かそうとすることができる人は、まだまだ地球人全体を見渡せば、とても少ない人数であるということが、われわれのような外から見させていただいている者にとっては、とてももったいない話であると思う次第である。

この方がレイキという名称を使って人々に広げているが、他にもさまざまな方法で広がってきているのが、とてもうれしく感じる。こんなにも無限である宇宙エネルギーを意識して活用しないなんて、なんてもったいないのだろうというジレンマのような思いがめぐらずに済むからであろうか。でも、私どもから言わせてもらえば、やっぱり何か特別なものとしてとらえ過ぎているのではないかと思ってしまう。まあ、確かに特別なものではあるけど、でももっと身近なものでもあるし、そんなに構えなくてもよいとも思う。確かに、瞑想のような宇宙や高次元の世界から、意識的に何かを得ようとする場合には、それなりの気構えや環境等の配慮が必要になるわけだが、もっと簡単により多くのエネルギーを取り入れる方法がある。

基本は深呼吸をする。深呼吸とはいっても、ゆっくりと大きくするだけではなく、普通の速さで呼吸する、速めに呼吸する、という三つのパターンと時々息を止めるということを、思うがままに組み合わせて行えばよい。速さが違っていても、深く呼吸をするということは基本になる。

深呼吸をしながら頭頂部（頭頂チャクラ）に宇宙とつながったパイプから宇宙エネルギーが注がれている様子をイメージする。これだけで、より宇宙エネルギーを取り入れることができる。そして同時に足の裏から、地球の中心であるコア（核）からのエネルギーが入ってくるイメージをする。足の裏と地球の真ん中とをパイプでつなげてエネルギーが入ってくるイメージをするだけで、より多くのエネルギーが本当に入ってくる。そして、この宇宙のエネルギーと地球本体のエネルギーを、丹田（おへその下5～8㎝くらいの辺り・第2チャクラ）に宇宙と地のエネルギーを充満させるイメージをする。このことにより、丹田にエネルギーがたまる。これは、行動や思考などをより活発的に行いたいとき、心身の活性化をもたらすエネルギーとなる。

みぞおちの辺り（第3チャクラ）に充満させるイメージをすると、主に肉体レベルの活性化と、人や場などから受けてしまったマイナスエネルギーを浄化、発散するのに効果的である。

ハートチャクラ（第4チャクラ）に充満させるイメージをすると、怒り・不安・心配などのネガティブな気持ちが弱まったり静まったりして落ち着くことができる。感情のヒーリングに効果的である。

第3の目（額の辺り・第6チャクラ）に充満させると、スピリチュアルな能力が高まる。インスピレーションがほしいとき、霊力を使うときや使った後には効果的である。

これは、現段階における地球人の肉体や精神レベルの中で、最も手軽で簡単に、それでいて実は壮大なエネルギーを取り入れることができる、最適ともいえるやり方である。
時間は許す限りでよい。やりたいときにすればよい。より明確にイメージできればよいが、うまくイメージをすることができなくても、このように意識をしながら深呼吸をするだけでもよい。

地球人類が生きていくのに、少しでもいいからより高い生き方をしていけるように、われわれなりにサポートをしていくというのが、大きな仕事であり今の時点ではすべてである。この過渡期をむかえている地球の行く末が、とても楽しみに待ちわびているという、地球人にとっては信じられないほどたくさんの宇宙の人々が、今、群がるように地球に集まって応援している。それくらい、宇宙にとって必要であり、でも少し特殊である地球のアセンションということを成就されるということが、こんなにも宇宙の中で注目を浴びているということを、何気ない感覚でもいいから、感じられる人は心に留めて、今を大切に生きてほしい。

Chapter 15

2007年8月8日

アミ（高次元の宇宙人）からのメッセージ

しっかりと前だけを見て歩き出した君の姿を、友人としてとてもうれしく思うよ。この友人という言葉も、最近僕に対して用いてくれているけど、このこともやっぱりうれしいよ。僕とてそんなに立派なことが言えるとは思っていないし、それなりのわかりきったようなことしかメッセージとして伝えられないけど、このわかりきったことが少しわかりにくいものとしてとらえられている君たちの地球の状況というものから、これらのそういったメッセージがとても大切なものになっていくのだろうな、ということもわかっているんだよね。

あんまり先のことを見過ぎないほうがいいかもしれないよ。君は先のことを見ようとすると、結構わかってしまうからね。だって今回もそれを認識するようなことがあったでしょ。


われわれ宇宙の中の少し先の次元を生きている者にとって、今の地球の状況から考えて、この先にどうなっていくかということはだいたい予測ができるんだよね。よく君が言う、人間が成長するに当たって、赤ちゃんとして生まれてきたら母乳を欲するだろうとか、つかまって立つことができたから、少しずつ歩き始めるだろうとか、そういったことと同様に、それなりの知識や経験があって先を生きていれば、ある程度の予測は可能だということ。われわれ宇宙の文明社会を生きている者たちにとって、まだ文明的に劣っているけど、間もなく文明社会の仲間入りをするだろうという君たち地球のことは、やっぱりある程度の予測はつけやすいんだよね。

それと同じように、君も今の世というものを、これだけ大きく客観的にとらえ、地球上の、日本の常識としてはこんなにもたいへんだといわれる経済的な状況におかれているにもかかわらず、まるで何事もないように、ただただ目の前のことに努力して自分自身の生き方というものを貫き、楽しく明るく精一杯のポジティブさを保っている。そんな、四次元の世の生き方を三次元で行っているという、面白いくらいのちぐはぐで無理のありすぎると万人が思っているようなことを、平気で楽しんでいるんだから、そのくらいのことはやっぱりわかっちゃうんだよね。

だからといって、不必要な予言をする必要もないし、先を見据え過ぎていろいろな示唆を行う必要もないんだよ。まあ、そういうことに君はあまり興味ないみたいだけれど。でもね、先を見過ぎちゃうと、先がわかり過ぎちゃうと、せっかくの今という三次元の末という時期の大事な経験をしそこねちゃうことにもなりかねないんだよ。だから、先のことは見ようとせずに、見えてくる先のこと、簡単に言えば、今までどおりに高次元のみなさんから教えていただくことに終始していれば、それでちょうど良いということになるんだよね。

最近よく瞑想をしているけど、すぐに寝てしまうでしょ。あれって、面白いくらいに深く入った瞬間に眠るでしょ。起きても起きてもすぐに眠るでしょ。今、わかったと思ったようだけど、あれってやっぱり眠ってもらっているんだよ。眠らせているんだよ。だって、あそこまで深く瞑想状態に入ってしまうと、やっぱりわかりすぎちゃうんだよね。必要ではないとも言い切れないけど、でも今くらいがちょうどいいからなんだよ。

かといって、瞑想をするなということではないからね。今後の地球に生きていく皆さんにとって、瞑想はとても重要なことになっていくから、やはり必要なことなんだよ。だから、そういった深いスピリチュアルなことはわれわれがうまく調整していくから、君は君の思ったままのことをしながらポジティブに波動を高く保つことに終始しながら生きていけばいいんだよ。

あながち間違った知識とはいえないけど、やっぱりそんな感じで気軽に楽しく生きていけば、必要な情報は必要なだけ入ってくるから、それでいいんだよね。君の場合はね。

人それぞれのお役目は違うわけだからね。あんまり君は気にしていないようだけど。このままどこに行くのだろうと、ふと思ったようだけど、なるようになるんだよね。すべてが。そして、なるようになる行き先をどうするかということは、やっぱりみんな個々それぞれが選択できるし責任が生じるんだよね。

「自分らしく生きること、人のために生きること、楽しくポジティブに生きること、みんなとの調和は大きく保ち、最低限のやるべきことはきちんと行う。そこには常に愛がある。自分は愛の中に存在していると強く認識できる。」

そんな生き方を選択すれば、おのずとなるようになったときにより深い愛を感じ、深い愛をめぐらせるようになる。

２００７年８月１５日
みんなでアセンションしましょ！

２０１２年までには、地球上に住んでいる人間のすべてのカルマが清算される予定であります。このカルマとはネガティブなものもポジティブなものもすべて含まれます。

そもそもこのカルマとは何かといいますと、現在地球上に存在するすべての人類の魂はもともとが宇宙から降りてきているものですが、その宇宙から降りて地球上の人間として輪廻転生して今日まで積み重ねてきたすべてのカルマを指します。

補足としては、魂が人間という肉体においての輪廻転生を今のような形で行われている前の時代であった、アトランティスやムーやレムリアなどの時代の中でも、最高の状態であった高い文明の中における大調和がもたらせていた時期のように、より宇宙においての純粋であり深い愛につつまれていた魂に近い状態であったころにおいても、やはり地球において人として生まれたわけですから、これも地球人類のカルマとして数えられます。

こういったカルマを清算すると、次にはいったいどういうことが起こるかといいますと、簡単に表現すれば、魂が宇宙に存在していた時のもとの状態に戻るということです。

怒り・不安・心配・強いエゴ・ねたみ・暴力・無責任・恐怖・絶望・堕落などの、現在の地球上の人間が普通のように感じているネガティブなことは、すべてが地球上に人間として存在したことにより生じてもたらされたものであります。つまり、もともとの魂自体は、このようなネガティブなものは持ち合わせてはいなかったということ。つまり、魂が宇宙に存在していた時と同じに戻るということは、このようなネガティブな感情も感覚も事実も存在しなくなるということになります。

アセンションすることにより、四次元の世における人類がどのような状態になっているかといいますと、今まで述べてきたような宇宙の高次元にある文明社会と同様に、純粋な魂そのままの状態ですべての人間が地球上で存在することになります。

このような、魂の本質のままで人間として皆が存在するわけですから、地球は素晴らしい大調和の世となります。そして、やっと宇宙の文明社会の仲間入りをすることができて、今の世の科学では信じられないような技術や知識などが、宇宙の文明社会から惜しみなく地球人類に注がれるようにもなります。

このまま順調に進めば、このようなまるで夢のような素晴らしい四次元の世に、地球が間もなくアセンションする予定ですが、今後本当に「四次元の世にアセンションできるかどうか」も、また「アセンションした後に現存する人の中でどれだけ多くの人間が存在することができるかどうか」ということも、この大きな鍵を握っているのが、2012年までの残されたこの大事な期間に「人がどのような生き方を選択するか」ということにすべてがかかっています。

ここ数十年にわたって、これまで以上の急激に宇宙からの高次元のエネルギーが注がれてきています。そして、ここ数年はさらにそのエネルギーが増してきています。さらに、今後の2012年に至るまでには、日増しにエネルギーの量も質も強くなってきています。

このような多大なる宇宙エネルギーを受けると、人間や人間社会はどのように変化していくかというと、簡単に言い表せば二つあります。一つは「二極化が進んでくる」ということと、もう一つは「必要なことと必要でないこととがはっきりとしてくる」ということが、結果としてさまざまなことが生じることによりはっきりと表面化してくるということです。

この二極化を、個人レベルであてはめると「ポジティブな生き方とネガティブな生き方」とに、大きく分かれていくということです。

この、ポジティブな生き方というのは、基本的には真実の愛をよりたくさんめぐらせる生き方です。そして、真実の愛がめぐることにより、喜び・楽天主義・希望・責任・充実感・信念・許し・隣人への助けなどが、より質が高く大きいものとなり、波動を高めていくことをいいます。

逆にネガティブな生き方というのは、怒り・不安・羨望・利己主義（エゴイズム）・暴力・物質主義・人の不幸を望むこと（知的・感情的・物質的・性的なことに対して）・無責任・恩知らず・不機嫌といったものが、より多くの感情レベルを支配することにより、心身の状態や言動などに反映され、人や生物などと不調和を招いたり、真実の愛がより少なくなったりして、波動がどんどん下がっていくことをいいます。

当然、ポジティブな生き方は、根本的には人間誰しもが理想と思っているはずです。だから、誰でもそのような生き方をしていく素質はあります。もちろん、魂の本質も真実の愛に満たされているわけですから、同様に理由づけができます。そして、このポジティブな生き方を個人レベルでいかに多くの人が選択できるか否かが、アセンションできるか否かということ、そしてアセンションした場合には、四次元の世で生存することができるか否かということに懸かってきます。

一人でも多くの人が「ポジティブな生き方」を選択することが、宇宙にとっても地球にとっても最高のこと。そのためには、「一人でも多くの人が目覚めること」。これがとても重要なこと。この目覚めるとは何かといいますと、「個々の魂の本質に近づこうとすること」です。そして、目覚める際に不可欠なことは多かれ少なかれ「スピリチュアルな真実に対して意識を向けること」です。

ポジティブな生き方を選択していても、向上心がなければ「選択したつもり」になっていきます。それには、常に反省することが大切になります。反省とはネガティブなこともポジティブなこともすべてです。そして、反省したら結論はすべてをポジティブなものにして、次に生かすことです。もしも、部分的にポジティブなものにできなかったとしても、できるだけ波動を高い状態にして受容し、次の経験のためによりポジティブに生かすことです。でも、本来はネガティブなものは一切ないので、必ず反省を繰り返して向上心を持ち続けていれば、すべてをポジティブに受容して次の経験に生かすことができるはずです。

個人レベルでポジティブな生き方をいかに多くの人が選択して実生活を送ることができるか。その質と量が、アセンションのための大きな鍵となっています。今現在も、さまざまな状況の中でたくさんの人々が多かれ少なかれ目覚めてきています。そして、大小の目覚めを繰り返しつつ、よりポジティブな生き方を選択して実生活を送っています。

半面、自らは選択したつもりはなくても、結果としてネガティブな生き方を選択している人々も増えてきています。この二極化は、残念ながら地球上の全人類を対象としてみていきますと、今のところの割合で20％がポジティブな生き方、80％がネガティブな生き方を選択して実生活を送っています。

時間はあまりありません。かといって、あせる必要もありません。そして、まだ可能性は残されています。１００％の人類が心の手をつないで、いっしょにアセンションできる可能性が。

2007年8月16日
生き方の二極化が進んでいる理由

現在、宇宙からたくさんのエネルギーが地球に降り注いでいるということは繰り返し述べているとおりです。今日もまた、エネルギーの量はこれまでよりも増してきています。地球本体のエネルギーも同様です。地球の中心であるコア（核）や大地などから、アセンションに向けての宇宙からのサポートを受けつつも地球自体も高まってきています。

このエネルギーの質ですが、すべてのエネルギーがポジティブのものかというと、実はそうではありません。物事はすべてが陰陽の調和で出来ているし、陰陽調和されている状態が最高の状態でもあります。つまり、この高次元のエネルギーも同様に陰と陽の両方のエネルギーがあります。

宇宙の基本的な法則の一つである波動の法則が、この高次元のエネルギーと人類や地球における物事との関係も、実はこの波動の法則が大きく関わっています。つまり、より高い波動を放っている人ほどより高い質のエネルギーを得ることができます。逆に低い波動を放っていると、その波動に合ったネガティブなエネルギーを多く受けてしまいます。

高い波動を多く放つ生き方をしていれば、その高い波動に見合ったエネルギーを受けることができるので、さらに高い波動になるような愛をめぐらせるようになっていきます。逆に、低い波動を多く放てば、より多くのネガティブなエネルギーを受けてしまい、ますます下がってしまいます。

ポジティブな生き方とネガティブな生き方との二極化の進んでいる事実は、こういったシンプルな理由からです。だからこそ、今、自分の波動をより高く保つことを、これまで以上に意識して実生活を送る必要があると思います。

2007年8月16日

必要なことと必要でないこととがはっきりしていく理由

アセンションに向けて、このまま順調に地球全体の波動が上がっていくと、四次元の世では必要のない低次なことは少しずつ改善されたり排除されたりしていきます。特に、大きく変わるべきことや人間社会にとって早急に排除すべきネガティブなものは、早期に明るみになっていきます。

日本の国レベルにおいて具体的にあげますと、政治家やマスコミの失態、食品関係の不正の発覚、介護産業の悲惨な実態が世に知れたこと、学校教育界の諸問題などですが、これらはとてもわかりやすい実例だと思います。さらに世界レベルでは、世界各国間の不調和や裏工作、さまざまな金融問題や金銭的価値感覚の変容、テロや戦争などです。

すべてのことに関しての解説をしていくと膨大な量の文章になってしまうので、ここではテーマを一つに絞ります。そのテーマとは「四次元の世は真実のみの世界である」ということです。

現在の三次元の世では、人の表現方法の中で一番多く使われてより具体的である手段は言葉です。ほかには、身振りや表情や文字など、いずれにしても五感的なものが中心となっています。しかし、四次元の世は逆になります。人が思っていることは他の人に対して言葉を発さなくても通じます。思念だけでも会話ができるのです。その補助手段として言葉や身振りなどが加わります。だから、人はすべてをオープンにして調和を図ることができるのです。裏はなく、すべてが表。つまり「真実のみの世界」なのです。なんて素晴らしい世界だと思いませんか！

そんな四次元の世に近づいているわけですから、表・陽（真実・愛・調和など）を言葉や態度や金銭などで表現してごまかしつつも、裏・陰（ネガティブなこと・悪意など）がある人や会社などの団体はこれまでの時代のようには、隠し通すことができなくなってくるのです。また、悪意（詐欺・恐喝・など）や個人や企業による金儲け第一主義などの強いエゴを表に出していても、質的には裏であり陰でもあるので、やはり裏と称します。

アセンションに対しては、地球の神霊界もスピリットも今、大きく動いています。天上界の扉が、かつてない大きさで開いています。これまでには、肉体を持った人間レベルではコンタクトがとれなかったような高次元のスピリットも降りてきてくれています。

逆に、魔と呼ばれる地獄界のような悪も必死です。三次元の世では、天使も悪魔も混在している中で存在することができて力を発揮することもできていましたが、四次元の世で存在することが不可能になってしまうからです。

政治家・マスコミ関係といった三次元の世の中の中心となったり大きな影響を及ぼしたりする人の中には、魔に侵されている人も少なくはありません。ほとんどが、自分の強いエゴや怒りなどの思い切り低い波動から魔に入られてしまったということの結果からですので、本人の自覚があまりないという場合がほとんどです。

政治家の失言は、この高次元のスピリットと魔との戦いで、魔に侵された人間が敗北したというわかりやすい一例です。大企業の不祥事の発覚も同様です。

今後ますます、さまざまな裏が明るみに出され、真実が問われていきます。逆に、真実が愛である人や団体や物事は、これまで以上に世で認められていきます。

ただし、現状では約20％は主に真実ですが、約80％は多かれ少なかれ、それなりの量や質の裏があります。これは世界規模におけるパーセンテージですが、日本のみですと真実の数値はもっと高くなっています。ただし、五感的な数字ではこのように真実が劣っていますが、エネルギー（気）の量や質という観点では、ポジティブなエネルギーがネガティブなエネルギーをはるかに超えています。地球全体のエネルギーを数字で表しますと「80対20でポジティブなエネルギーの方が強い」という状態になっています。

だから、地球は順調にエネルギーが高まっているといえるのです。このままいけば、地球は四次元の世にアセンションできるのです！

2007年8月21日

「肉食について」

わが家の食事は今年はじめ頃と比べて、動物の肉食は5分の1くらいに、魚の肉食は2分の1くらいに減りました。その分、野菜類の摂取量は増えました。無理なく少しずつ肉食が減っている結果です。動物の肉はハムやウインナーやベーコンといった、加工品が多くなりました。私は少し前まで大好きだった牛や豚の脂肉が、今ではくさくてべとべとしておいしく感じなくなってきました。

食生活はこのように変わってきていますが、家族の体調は相変わらず好調です。私においては、体脂肪率が5月頃から減り始めました。だから、体がいままで以上に軽く感じます。学校給食の関係や子どもたちの自由意志の点などから、家族全員というのは難しいと思いますが、たぶん、この先、私自身はもう少し経つと動物の肉は食べなくなるような気がします。魚は……？　ですが。

以前、「肉食について」の日記に書きましたが、肉食を意識的に減らしたというよりも、肉を食するということに対する意識が少し変わっただけのことでして、今でも同様です。意識していることとは、人間と同じ哺乳類の動物を食するということ。豚や牛や馬といった高等な動物たちには自分が死ぬ瞬間がわかり、その時の気持ちである恐怖や痛みなどのネガティブな思いが肉にしみこんでいるために、肉を食することによって波動が荒くなるということ。また、このような感情や個性を持っている動物の肉を食するということ。

欧米の肉食文化が浸透している日本において、幼い頃からおいしい食材としてこれらの動物の肉を食べるという習慣から、急激に変えることは私にとっては難しいこと。きっと多くの方もそうであると思います。でも、意識さえ変われば自然と行動が変わるもの。行動が変われば習慣も変わっていくもの。

今、私の意識として変わってきた肉食のとらえ方は、私にとってはとても心地よくポジティブなこととして受容しています。

2007年8月23日
高次元の宇宙人（プレアデス星団）からのメッセージ
澄み切った青空のような、何もけがれを感じない、そんな魂をお持ちになられているあなた方の、今、多くのみなさんが本来の魂に多かれ少なかれ目覚めていく様子を感じています。
価値あることとそうでないことの見極めということで考えておられる方がいらっしゃるようですが、それはとてもシンプルなこと。人によって価値観が違うわけですから、個々の観念からくる価値感覚がまちまちであるというのは当たり前であります。

他者の思うことはすべてが参考になりますが、すべてを取り入れる必要はありません。価値感覚を宇宙の立場から見ても同様であると思えるか否かは、やはりその人自身の波動の高さ、魂の位置によります。そもそも、価値観に関しての根本を言い表せば、良いとか悪いとか必要か必要でないかとかということに関して言えば、やはりその個々の状況によるということになります。ですから、価値観がどうであるかということにより選択のしかたが変わってくるのは当たり前で、それがその人の今の波動や魂の状態を表すということになります。

選択をして受容すれば、その人の方向性が出てきます。魂とは止まっているということはなく、常に上がっているか下がっているかどちらかということになっています。波動も同様です。

ある物事に対して、どのような価値観を抱き受容し、何を選択するかによって方向性がポジティブかネガティブかどちらかに分かれます。当然、次の選択でもさらに分かれていくわけですから、この方向性というものは必ずしも一定するとは限りません。でも、波動は変動しやすいものであっても魂の状況はそう簡単には大きく変わることはありません。特に、宇宙の法を理解し受容し実生活に生かして幸福な感覚をお持ちになっている方であれば、らせんを描きつつも、魂は確実に向上していくはずです。

話を元に戻しますが、価値観がどうであるかということは、その人の魂の状態によります。だから、価値がどうであるかの見極めということに関しては、他者の価値観を参考にしつつ、比較したり世の常識といわれることに惑わされたりせずに、心で考えるというよりも、感覚的に自分はどう思うかということを信じればよろしいということです。そして、自分の価値観に関しては、人がどう思おうが何を言われようが、それはすべてがやはり参考程度のものなので、そんなことで一喜一憂せず、自分の価値観に対しての参考になることを伝えてくれたわけですから、その方々には感謝するという愛をめぐらせればよろしいということになります。

さて、私がこのたびこのようにメッセージを送るために地球に降りてきたのは、今、あなた方が注目し始めているアセンションについての、さらなる意識向上のお手伝いをするためです。プレアデスの住人たちは、古くからあなた方を見守り続けてきました。単に古いといってもおじいちゃんおばあちゃんの時代なんていうものではなく、それこそ古代文明といわれている時代も見てきましたし、それ以前も知っています。あの月や火星や金星の人々のことも知っています。私たちにとっては、かけがえのない友であり勇者といえるみなさんであり仲間でもあるのです。

あなた方の間違った常識というものはすぐに消し去られます。そして、新しい知識というか、正しい知識、知恵、英知といったものはすぐに世に広がります。そして、真実である知恵により、さらなる向上が期待できます。

あなた方にとっては、宇宙という空間のとらえ方という点では難しいことも多々あるかと思いますが、宇宙にはたくさんの星がありたくさんの生命が存在するということは、基本的なこととして認識していただきたいです。その中における地球という星に存在する人類が築いてきたここまでの文明といわれるものは、実は宇宙の中ではまだまだそれほど熟しているとはいえない、はっきりいえば未熟であるということも基本としてわかっていただきたいです。まあ、このメッセージを読まれているほとんどの方が認識しているようですが、まだ疑念を抱いている方、何か実生活とは別問題のように考えている方がいらっしゃるようなので、一応、私どものメッセージにも書き残したいと思います。

今、地球上には多くのチャネラーと呼ばれているわれわれ宇宙人のメッセージを受信して地球の世に広める役割をしている方々がいらっしゃいますが、そのチャネラー個々の役割によってメッセージの内容や質が違うのは当然のことであります。より具体的なメソッド・ツールなどといったワークにより即実践していく方法や、より学識的に向上するようなもの、ただ単にスピリットが存在しているということを認知してもらうためのものなどなど、さまざまであるということです。

私は今、タエヌに対しては個人的に深い領域に入るためのコンタクトをしています。このところの彼は、自分にとっての未熟である部分をさらに認識し、より高次な自分になるために修養している次第であります。向上心を持ち続けていれば、自分自身のある部分に対して未熟であるということを認識した時、熟するために必要なことを選択して改善していこうとします。習慣として好ましくないということを認識すれば、その事象は習慣ではなくなり、改善に向けての選択を続けて向上していくのです。

Chapter 16

2007年8月25日

スピリチュアルヒーリング

レイキというヒーリングテクニックの伝授を受けてから、かれこれ5年以上経ちます。ティーチャーという資格も持っているので、これまでたくさんの方々に伝授を行ってきました。今現在も、一月に平均2〜3人ほどですが、伝授を続けています。レイキは私にとっても家族にとっても大きな財産となり、健康にもスピリチュアルライフにも大いに役立っています。

わが家では、ケガや成長痛などの痛みがあるとレイキ。体が重い感覚や疲労感があるとレイキ。そしてとても即効力もあるためにここ5年ほどはほとんど医者いらず。薬いらず。宇宙エネルギーレイキの力にとても感謝しています。

ただし、ここ1、2年はレイキというよりもスピリチュアルヒーリングということを意識して行うことにより、さらなる高い効果が表れてきています。スピリチュアルヒーリングとは、レイキも含めて、目に見えないエネルギー（宇宙・地・神仏やお蔭さま・人・物などから発されるポジティブなエネルギー）を、対象とする人や物や物事などにより強く送ることです。

ところで、地球人類を含めた地球上のすべての物質は、宇宙エネルギーと地のエネルギー（地球エネルギー）と常につながっており、そのエネルギーをいただくことによって存在することができているということ、これは基本的なこととしてとらえるべき事実です。

質の高低の差や量の差はあっても、誰もが宇宙や地のエネルギーとつながって恩恵を受けているということ、つまりレイキも含めた宇宙エネルギーとは、誰もが元来つながっていてエネルギーを受けているということです。宇宙エネルギーの質は、ポジティブなものもネガティブなものも人間では分類不能のものがたくさんあるわけです。ですから、何のエネルギーがレイキで何のエネルギーがどこからきているのか、といった分類はできるはずがありません。

私がよくスピリチュアルメッセージをお伝えする時に、次のようなことを前提としてお知らせすることがよくあります。

「誰からのメッセージかということはあくまでも参考にしてください。時には誰からのメッセージかはわからないけどスピリットからのメッセージだということが確信できる場合もあります。ただし、誰からのメッセージかということは、あまり関係ありません。内容がどうであるか、心にどれだけ響いてポジティブなものとして受容できるかということが重要なのです」

レイキもほかのスピリチュアルヒーリングといわれる目に見えないエネルギーを使って癒すことも、このメッセージを受容する際の前提と同じことがいえます。

つまり、相手を癒す場合はレイキだろうが、神仏の力だろうが、言霊や思念の力だろうが、地球のエネルギーだろうが何でもいいわけです。とにかく、ヒーラーに純粋な愛の気持ちがあり、ヒーリー（ヒーリングを施す相手）に対してその気持ちを向けているのなら……ヒーラーがパイプ役として、またはエネルギーを増幅させるための補助役として、ヒーラー自身の愛の気持ちとヒーリーの愛の気持ちとのめぐりの度合いによって、ヒーリーにとっての必要最大限のエネルギーが注がれるということです。神も仏も人間も地球もすべてが一つにつながっているし、すべてが宇宙の神の一部なわけですから、それぞれの特性の中での、必要なエネルギーが愛により自然と惜しみなく注がれていくのです。

これまで述べてきたように、誰でも宇宙や地のエネルギーとはつながっているわけですから、心を傾ければ、信じれば、多少なりとも方法を知れば、そして愛をヒーリーに向けることができるのならば、誰でも今すぐにスピリチュアルヒーリングを行えるヒーラーになれるのです。そして、実は言霊や思念によるヒーリングは近くの人にも遠隔においてもすでに全員が日常的に行っているのです。

人に対しての言葉を、より愛の深い思いやりのある言葉にするだけでエネルギーを注ぐことができます。思っただけで、その愛は地球の裏側の人にも霊界にある魂にも近くにいる人にもポジティブなエネルギーとして注がれるのです。そこにレイキという技法を身につければ、それがより確かなものとしてより強く大きくヒーリーに届きます。これは、レイキに限らずさまざまなヒーリングテクニックといわれる既存のものでも自己流のものでも同様です。愛の度数が高くて愛をより大きくめぐらせることができていれば、その分、ヒーリーをより癒すことができます。

レイキが近年、爆発的な早さで広がっていった要因の一つとして「誰でも伝授を受ければ宇宙エネルギーを使ったヒーリングができるようになる」というシンプルさであるといえます。そこに、このたびのアセンションに向かっての宇宙エネルギーの高まりという状態（これは100年ほど前から急速に高まり、数十年ほど前からさらに急激に高まり、ここ5年やこの先5年は爆発的に高まっていくものです）、スピリチュアルな目覚めをしている人がものすごい勢いで増えているということなどから、地球も人類自体も急激にエネルギーが高まっているので、よりレイキによるヒーリング効果は大きくなることは間違いありません。しかし、これはレイキに限らず、スピリチュアルなエネルギーに気づき利用したり取り入れたりすれば、同様にこれまで以上に大きなヒーリング効果が期待できます。すべては、ヒーラーとヒーリーの愛の度数次第、波動次第、魂の位置次第によります。

最後にヒーラーとして、次の点に留意してくださいという参考意見を述べることで、この記述をしめたいと思います。

ヒーリングをした時、相手がどう思っているかとか相手にどのような効果があったかということを、それほど気にする必要はありません。大切なのは、ヒーラーとしてどれだけの愛を持って愛のエネルギーを送ることができたかということです。あとの結果はすべてが受け取るヒーリー次第。ヒーラーの立場の人は、愛を送った、愛をめぐらせたということでポジティブなこととして受容するだけでよいのです。もちろん、ヒーリーからの感謝の言葉をいただいたり状況が改善したなどという報告を受けたりした場合には、お互いで大いに喜び合うことは愛をさらに深め合うことになるので、大切なことでもあります。

2007年8月28日
わが家の子どもたちとレイキ

わが家には中2の息子、小5と小1と4歳の娘たちの計4人の子どもがいます。私がレイキの伝授を受けてから5年ちょっと、ティーチャーになってから4年半ほど経ちますが、私と妻はもちろんのこと、子どもたちは例をあげるときりがないほどレイキによるたくさんの恩恵を受けてきました。

子どもたちの身体で改善したことをいくつかあげますと、息子のアトピー、長女の成長痛や喘息のような夜寝る前の咳などです。小1と4歳の娘はほとんど医者いらず薬いらずで育ってきました。時々体調を崩すことはありますが、果物を食べて、タヒチアンノニジュースを飲んで、レイキやスピリチュアルなエネルギーによって、長引かずに改善しますし、微熱が出ている間も、とても元気なのです。

もちろん、レイキだけで健康を維持することができているとは思っていません。レイキは家族全員に毎日のように送るということを私も妻も日常の祈りとともに毎日行っていますし、何かネガティブな状況があるとレイキやスピリチュアルパワーを使うのは基本となりますが、合わせて気をつけていることがあります。いくつかあげますと、よりポジティブな生き方を実践すること、物事をポジティブにとらえることや伝えること、親として子どもに対して低い波動（怒り・心配不安・強いエゴなど）をできるだけ向けないようにすること、心身のバランスを崩す前にそれなりのヒーリングを施すことなど、基本的な生活習慣を続けることや食生活に気をつけることや子どもたちが安心して成長できる状況をできるだけ作り上げることといった現実的なことの中に、スピリチュアルなことも合わせて意識的に取り入れていることも健康維持の要因であると自負しています。

息子は小4の時、長女は小1の時にレイキを伝授しました。ですから二人とも私や妻がレイキをかけられない時には、自己ヒーリングをしています。時々子ども同士でレイキしたり、子どもに親がレイキをしてもらったりすることもあります。子どもからのレイキって本当に気持ちが良いものです。

わが子にレイキすることは、親の深い愛も加わるわけですから、より高次のエネルギーを子どもに与えることができます。わが家ではテレビを見ながらレイキ……なんていうこともよくあります。それなりに、きちんとした環境を整えてレイキすることもあります。

無限に存在する素晴らしいレイキのエネルギーを家族のために、ご縁のある方々のために、自分のために、地球や宇宙のために……たくさんたくさん役立てて、みんなでよりポジティブになり幸せを感じていくということは、とても素晴らしいことだと思っています。

なんだか、とても良いことばかり書きましたが、もちろん私も妻もまだまだ親としても人間としても未熟なので、反省の繰り返しの発展途上中です。子どもたちと共に日々の修養を怠らず、スピリチュアルライフを楽しんでいます。

Chapter 17

2007年8月29日

「霊能力」

一般的に「霊能力がある」とか高いとか強いとかといった人はどういった人であるかという定義のようなことを聞くと「霊をよく見る」「霊の存在をよく感じる」「金縛りによく遭う」「ラップ音がよく聞こえる」「ポルターガイストのような怖い現象に遭う」というようなイメージな人と答える人が少なくないと思います。確かに実際、このような人は霊能力が高いと思います。

でも、例えばこのような霊能力が高い人に「あなたの後ろにおばあさんの霊が苦しそうにしているのが見えるよ」と言われても、ただ単に怖いだけです。金縛りにあった話や、怖い霊体験を聞いても、何の役にも立ちませんし、怖いとか嫌だとかという気持ちになったり、そんなことが自分の身にも起きたらどうしようという心配や不安を抱いたりするだけだと思います。

人の波動を下げる大きな要因としてあげられる中の、代表といってよい「恐怖」「心配」「不安」などといったネガティブなことを生み出しても、役に立たないどころか、波動を下げてしまうという結果が生じてしまいます。

これは、どういうことかと言いますと、簡単に言えば「波動の法則によるもの」です。つまり、霊能力が高い人自身の波動が下がっている場合（怒り・心配・強いエゴ・恐怖などのネガティブな波動が強い状態）に、同じように低い波動を放っている未成仏霊や魔の念を引き寄せてしまうと、ネガティブな現象を引き起こさせたり、実態を見せられたりして、より波動を落とされているという状態になるということです。

それでは逆に、人のために役に立つ霊能力について述べます。

成仏した霊、守護霊様のように人を護ることができるほどの霊格の高い霊、仏様、神様、高次元の宇宙の人々といった波動の高いスピリットからのメッセージやインスピレーションをいただくには、それなりの波動の高さを保っていなければ難しいです。これも波動の法則によるものです。

つまり、霊能力が高いという人が波動をとても高い状態に保つことができれば、このような高い次元のスピリットと波動が合って世に還元できることになります。

霊格の高いスピリットは、人を怖がらせることは絶対にしません。嫌がることもしませんん。とても謙虚です。愛に満ちあふれています。時折、夢枕に出たり霊視能力者が見たりすることはありますが、このような高次のスピリットがわれわれに与えるメッセージのほとんどがインスピレーションによるものです。また、もし見えても怖いという感覚にはなりません。まれにラップ音や金縛りのような状態になることもありますが、やはり全く怖い感覚にはならずに、存在を示してくれたとか素晴らしい体験をさせてくれたとかといったポジティブな気持ちにさせてくれます。そして、高次のスピリットからいただいたメッセージやインスピレーションや体験は、すべてが今後よりポジティブな状況になっていくために、役立つことばかりなのです。

余談になるかもしれませんが、波動の法則について、一般的には波動が合うもの同士が引き寄せあうとかエネルギーを受け合いやすいとかということは知られていますが、スピリチュアルな関係としても人間同士にしても物事にしても以下のようなこともあります。

波動の低いものから高い波動のものに対して、意図的に波動を合わせることはできません。ただし、高い波動の人の波動を下げるために、低い波動のものが低い波動のエネルギー（気・思念・言霊など）を与えて影響を及ぼすことはできます。また、意図的ではなくても、出来事の受け止め方によって影響が出る場合もあります。でも、高い波動をそれなりに保っている人には結果的にはそれほど悪影響を及ぼしません。逆に、高い波動が保てていないと低い波動に負けてしまい大きな影響を受けてしまうこともありますが……。

逆に、高い波動のものが低い波動に合わせることは比較的簡単にできます。霊的なことでいいますと、それなりの能力を持っている霊能者が、意図的に未成仏霊や魔の状況を察知して詳しくみるときや、除霊・浄霊をするときなどはそのようにします。でも、自分の波動を下げずに見下ろすような状況ですので、それほど影響は受けずに済む場合が多いです。ただし、相手の未成仏霊の邪気や邪念が強すぎたり、魔物化していたり魔であったりした場合には事後の自己浄化が必要になりますが。

2007年8月30日

憑依について

なんだか憑依という言葉は、とてもおどろおどろしい特別であるネガティブな霊現象というふうに思われている方が多いかもしれませんが、実際は日常的によくあることなのです。

憑依には大きく分けて二つの種類があります。一つは、未成仏霊や魔自体がとり憑くこと。もう一つは、未成仏霊や魔そして生きている人の、邪気や邪念といったマイナスのエネルギーがとり憑く（入り込んだり強い影響を及ぼしたりする）ことです。

憑依される人の状況として、大きく分けて2種類あります。一つは、カルマにおける因縁や恨みなどの憑依してきた相手との個人的な因果関係によるもの、もう一つは波動の法則によるものです。人が瞬時にかなり低い波動を出した時、または低い波長をある程度の長い時間保っている時、その波長と同質の波長の未成仏霊自体や未成仏霊や生きている人の邪気や邪念が、人の波動と合うことで人にとり憑いたり入り込んだりすることです。

このように大きくわけることで、四つのパターンにまとめられるので、それぞれのパターンに応じて述べたいと思います。

○パターン1「カルマにおける因縁や恨みなどの憑依してきた相手との個人的な因果関係による要因で、未成仏霊や魔自体がとり憑いた」

一般的には、このパターンが憑依を受けたという言葉からイメージされる方が最も多いかと思われます。このような個人的な因縁の場合は、とり憑いたもの自体の波動がものすごく低いことや、わかっていてとり憑いているので、とても恐ろしいことや怖いことが起きる場合があります。だから、話題としてマスコミで取り上げられたり、うわさ話として広がったりしやすいのです。しかし、現代の日本においてこのパターンは、ごくごくわずかしかありません。ほかのパターンに比べると皆無に等しいくらいに少ないパーセンテージになります。このパターンの解決策としては、最低限本人が気づかないと難しいのですが、自分で気づかないか、あるいは気づいても対処方法がわからない場合には、波動の高いそれなりの霊能力が高くて浄霊や除霊のできる人に相談するというのが懸命だということになります。

○パターン2「カルマにおける因縁や恨みなどの憑依してきた相手との個人的な因果関係による要因で、未成仏霊や魔や生きている人の邪気や邪念といったマイナスのエネルギーがとり憑く」

このパターンは3番目に多いパターンですが、この中でも生きている人から受ける憑依がほとんどです。俗に言う生霊というものです。これは、今世の中で自分が起因したことにおけるカルマですから、自己責任のもとで一つ一つの人間関係をより調和させることや愛をより大きくめぐらせることなどによって解決していきます。

○パターン3「未成仏霊や魔自体が波動の法則が要因としてとり憑くこと」

これは、上記二つに比べたらとても多いパターンです。例えば死んだことがわからずに大きな不安の中であえいでいる未成仏の地縛霊がいたとします。同等の質の大きな不安を抱えている人が近くに来る（浮遊霊の場合は霊が近くを浮遊している）と、未成仏霊には同じ波動を持っているその人が光り輝いて素晴らしく見えるそうです。そして、その光の中に霊が入ること、それが憑依ということです。つまり、霊自身は何が起きたのかがわかりません。でも、その光が常時輝き続けていればそこにい続けます。また、あまりにも気が合った場合にはその人の意識にまでに入り込み、体を動かしたりしゃべったりすることができます。これが、憑依を受けた人の人格が変わるとか覚えていないといった現象として表れます。

このような憑依を受けた場合の解決策の即効策は、パターン1と同様になると思います（一番良い解決策は最後に述べます）。現代医学における病気としての分類による治療や投薬では、解決に至るのは難しいことが多いと思います。

○パターン４「波動の法則が要因で未成仏霊や魔そして生きている人の、邪気や邪念といった強いマイナスのエネルギーがとり憑く（入り込んだり強い影響を及ぼしたりする）」
これが、パターン３と同様か、それ以上にとても多いです。憑依と表現するに至らないようなマイナスのエネルギーが憑いてしまうということは、比較的多くの人に対して日常的に起こっています。これは、直接自分が関係なくても、例えば込み合っている通勤電車の中とか事故の多い交差点などの人や未成仏霊の邪気や邪念の多い所にいるだけでも、影響を受けたり憑依のように入り込んだりすることがあります。解決策としては、できるだけこのような人や霊や場所の低い波動と波動の合わない状態でいること、つまりできるだけ高い波動の状態を保つことです。

次に、憑依を受けるとどうなるかということですが、それにはたくさんのケースがあります。中でも最も多いのは、肩や首周辺や頭などの体の部位の痛みや重みです。憑依というと、人が豹変してしまうとか霊のとり憑いている様子がいろいろな人に見えてしまうとか、そういったことを思われる方が多いようですが、実際はこのケースは非常に少ないです。

ちなみに、人が豹変するという憑依で最も多いケースはアルコールを飲んで酔った状態で憑依を受けた時です。飲み過ぎて人が変わったようになった、記憶がない……という場合には未成仏霊自体の憑依が絡んでいることが多いです。これは、アルコールを飲み過ぎると緊張感が解けすぎたり普段よりも波動を下げてしまったりすることが要因になっています。

未成仏霊や魔が人に入り込むとき、ほとんどは後頭部中央で首の付け根から少し上の骨の下辺りです。出る時も同じ場所のことが多いです。ですから、後頭部や脊椎周辺や肩や肩甲骨に、肉体的に苦痛を感じる痛みや重みや違和感が出やすいのです。さらに、長い時間憑依を受け続けたり、奥まで入り込まれたりしたときには、体のバランスや心のバランスを崩してしまい、さまざまなネガティブなことを引き起こしてしまいます。

余談になりますが、私がレイキの伝授やレイキを含めたスピリチュアルヒーリングを行っている時、私は意図的に除霊をすることがありますし、意図しなくても結果として除霊をするということもあります。これも波動の法則によるものでして、ポジティブなエネルギーを魂や肉体に送ることで、波動の低い霊や邪気邪念といったものが離れていくということです。これは、私にとっては見えたり感じたりすることが多いのでわかりますが、多くのヒーラーの方はわからずに行っていると思います。まあ、本来はわかってもわからなくてもどちらでも良いことでして、結果としてはポジティブな状況になったということで変わりないのですから。

一応、注釈として書いておきますが、痛みや重みや違和感のすべてが憑依によるものということではありません。また、心や体のバランスを崩すことも同様です。憑依を受けた場合に多い状態を述べただけです……。

さて、いろいろと書きましたが、最後に述べますこの先の二つの事項が、今回特に述べたかったメインのことです。

一つは、憑依というのは特別なことではないということ。そして、憑依というものがどういうものであるかという私の見解を参考にしていただき、もしも納得する内容がありましたら知識の一つとして受け入れていただければ幸いであるということです。

そしてもう一つは、波動さえ常に高く保ってさえいれば、また下がったとしてもより早い段階で高くすることができれば、憑依によるネガティブな影響はほとんど受けないということ。そして、たとえ多かれ少なかれ憑依やネガティブな影響を受けたとしても、波動が高く保たれていれば低い波動の霊や魔もエネルギーも浄化または除去されるということ。愛をより多くめぐらせていれば生霊のようなめぐりは受けずに済むということです。たとえ霊能者やヒーラーなどの他者により浄化や浄霊や除霊をしてもらっても、本人の波動がそういったものを引き寄せてしまえば同じことを繰り返すだけです。

そして結論は、常にやっぱり同じこと。「より純粋で深く大きな愛をより多くめぐらせること」。それだけで、ネガティブなものを引き寄せずポジティブな実生活を送ることができるということです。

2007年9月4日

執着・固定観念から自由になるということの必要性

アミは高次元の宇宙の存在ですが、私にとっては、たくさんのメッセージをくれる友であり同志でもあります。

昨晩のこと、久しぶりにアミの本「アミ　3度めの約束」を手にしていました。特に自分から読もうと思ったわけではなくて、なんとなく読むように促《うなが》されたという感じです。アミが私に対して必要であるメッセージを伝えたい時に、本に書かれている内容があてはまる際には、このような手段として伝えてくれることが時折あります。だからとてもわくわくしながら読み始めました。

今回は370ページから読み始め、60ページほど読みました。そこには、今だからこそより実感できること、確認できたこと、より深く受容できたことなど、やはり必要なことがたくさん書かれていました。

中でも～輪廻転生の意味～について書かれている内容が特に心にしみました。以下の文章は、アミが登場人物である三次元の人間との会話の中で述べている言葉です。ここで紹介したくなったので本に書かれている内容をそのまま引用します。

☆　☆

『宇宙は自分たちの創造物が、あらたな経験、あらたな環境、あらたな場所、あらたな人と、あらたな考えに触れることで、進化し、成長していってほしいと考えている。ところがそれをはばむのが、君たち自身の「執着心」なんだ。君たちはあまりにもいろいろなものにしがみつきすぎている。自分たちの場所、自分たちの愛する人、自分たちの物、自分たちの姿、自分たちの考え、思い出……すべてを手放したがらない。君たちが、そういった諸々の執着から自由になって、別の状態へ、別の幸福へと通り抜けるためのたった一つの道は、今、その身にまとっている、服、つまり肉体……を脱ぎ捨てることだ。肉体が滅び、死を迎えた時にようやく君たちは執着からのがれて、あらたな状態に入ることができるんだ。でも、そのかわりに君たちは、かつての人生の事を何一つ……どんなに愛着のあったものでも……覚えてはいない。でも本当は、一人ひとりの心の奥底に、記憶はひっそりとねむっているんだけど……』

「私たちが死ぬのはそのためなの？」とビンカ（三次元の地球外の人）が尋ねた。

「そう、残念ながら今の君たちがあらたな状態に移るためには、死、を利用するほかに道がないんだ。でも、もし君たちがもっと進化した段階の人たちのように、もう少し執着からはなことれることができれば、死、という、痛ましくて苦しいプロセスはいらなくなる。進んだ魂たちは、もはや、死、を通過しなくても、自分の意思だけで簡単に宇宙が用意してくれた新しい状態の中へとびこんでいけるんだよ。しかも前の人生でのことを忘れたりしないでね」

～「アミ　3度めの約束」（徳間書店）より～

私自身、数カ月前までは離れることができなかった「執着していた物」がありました。それは、マイホームとして今住んでいる土地と家です。一生住むであろうという固定観念と執着により離れることを恐れていました。でも、いろいろな成り行きの中、数カ月ほど前からは執着も固定観念も全くなくなりました。そして、次なる居住地となる所をわくわくしながら選択し、あらたな生活や出会いなどが楽しみでしかたありません。

経済的な固定観念や執着についても、これまで40年以上の歳月をかけて学んだり常識であると教えられたり、これが良い状態であると固定観念のようになって執着してきたことが、私の中でも妻も同様に、ここ1年半ほどの間に信じられないほど大きく変化しました。

執着や固定観念により、世間では捨てきれないでいる方が多いものの中で、私がこれまでにぬぐい捨ててきたことでも下記のことがとても大きいことであり、今になっても良かったと自負していることでもあるので、書き加えます。

それは、3年半ほど前に公立学校の教育公務員を退職して、あらたなる生業として今のお仕事を始めたということです。それこそ、教育委員会にいくかもしれないという一種の出世といわれるものや、公務員という経済的な安定といわれる状況も捨てました。自分にとって小さいころからの夢であった教員という職業を一生涯の天職としてまっとうしようという固定観念も捨てました。そして、教員というお仕事はそれなりに充実していて楽しんでいましたが、さらにわくわくしてやまない今のお仕事を、何の迷いもなく選択しました。もちろん、妻も子どもたちも賛成してくれました。

今回の家や土地に関しては、執着をぬぐい捨てるのには時間がかかりました。でも、今になって振り返ってみると、たくさんのこれまでに経験してきた修行の中の一つとして、貴重な思い出として心に刻まれようとしています。

ここまでの、個人的な話はさておいて、私がこの日記を通して最も伝えたかったことをまとめます。そもそもアミの言葉がすべてでもありますが……。

ここで伝えたかったことは、執着や固定観念から離れなくてはいけないとか捨てなければいけないとか、そういうふうに執着や固定観念を持つことが良くないという否定や戒めのようなことではありません。

人間は本来必要ではない執着や固定観念というものをたくさん持っていて縛られているということを、強く自覚するということが最も基本的なことして大切なことであるということです。そして、そのような自覚のもと、本来の魂の目的に対してまっすぐに向かっていくために、より幸せな人生を送るために、より愛をめぐらせるために。

数ある選択肢の中から、自分にとって人類にとって地球にとって宇宙にとって、ベストである選択をするためには、執着や固定観念というものを、いつでも離したり捨てたり変えたりしよう、またはそのように考えていこうという柔軟な心、つまり執着や固定観念から自由になるということが必要であるということです。

心が変われば行動が変わる。行動が変われば習慣が変わる。習慣が変われば人格が変わる。人格が変われば運命が変わる。

――この言葉は私の好きな言葉の一つですが、ポジティブなこと、宇宙が人間に対して求めていることを、心を変えて行動を変えてさらに習慣にすること。

私自身はまだまだ未熟であり、やっとこのようなことを意識して少しずつ行動が変わったり習慣になったりしたことがありますが、まだまだ宇宙からみたら発展途上であるということを大いに自覚しています。その自覚のもとに、今後もより一層の修養に励むという意気込みを書きまして、今日の日記を終わりにします。

Chapter 18

２００７年９月10日

高次元の宇宙人（プレアデス星団）からのメッセージ

　地球がアセンションするという時を間近にして、今、地球人類が何をすれば良いのかということを具体的に頭で考えるということよりも、良いと思うことを手当たり次第行えば、それが必要であるということになっていく場合が多くあります。

　良いと思うことを手当たり次第するとはいっても、がむしゃらに良かれと思うことをするということではなく、愛のあるさりげない、そして感覚的に良いと思うことを選択し続けるということになります。

何かアセンションに向けて、自分なりに、自分のためにも誰かのためにも、何かをしたいとは思っても、それが何なのかを具体的に探そうと思うと、これはとても難しいことになってしまう場合があります。難しいこと、これはあまりシンプルではありませんし、あせるとか気持ちが動揺するとかといったことはネガティブな波動を生み出してしまうので、宇宙が本来求めている必要なことではないことを選択してしまう場合が起こってしまうかもしれないということです。

それには、どうしたらよいかという具体的なことを申し上げますと、これは結局のところ、どんな動機であるかということが大きな起因としていて、あとは勝手に必要なことがめぐってくるということになります。

アセンションに向けて、純粋な愛から発する動機があれば、そこには宇宙という大きな味方がつくわけですし、もっと身近に感じるものとしては地球における霊的存在であり神仏であり、そういったスピリットのバックアップもより得られるということになります。

こういったアセンションの話はまだ先のことであるとか未知なことであるとか、そういったことから地球人類という存在が現実的なこととしてとらえるという意識を強く持つということがなかなか難しい場合もあるようですが、今やることというのは、そんなに先をみるというよりは、目の前のことをいかに充実させて楽しめるかということになります。

楽しむとはいっても、ただ笑っていれば良いとか充実していれば良いとかというだけではなく、感動すること、愛を感じて心地よい気分になること、そして何よりも、人や地球や宇宙といった自分以外のものと、楽しいということを共有できるということ、それがとても大切になっていきます。

今、こうしてメッセージを伝えている中の、今回の本題は何かと言いますと、楽しいこと、愛そのもの、というような人がアセンションするのに必要である波動を高めるということに関しての必要なことを、自らが行いつつも、一人でも多くの人類や地球そのものや宇宙と共鳴し合っていくことにより、ともに高まっていくということです。それは、決して大きなことではなく、難しいことでもなく、手間がかかることでもない、個々が意識して実践するという、いたって簡単でありシンプルであるということになります。結果として多くの方々を巻き込んで波動をより高めあうというのもよろしい、家族とか友人知人といった少人数で高め合うのもよろしい。

何であれ、そんな簡単なことを地球人類があますところなく意識として持って実生活を送るというだけで、地球にとっても宇宙にとっても、とても大きな財産となるのです。

2007年9月11日
わくわくを選択した結果……やっぱりわくわく

昨日の午後3時ごろ、ふと南房総の賃貸物件を探したい気持ちになり、パソコンを開いて検索した一つ目のホームページに……なんとびっくり！　私と妻が思い描いていた理想の古民家の賃貸物件が載っていました。

海までわりと近いし、小学校や幼稚園は徒歩数分の距離。さらに畑付き。家族6人が住むのに十分な間取り。あっという間にこの古民家のとりこになり、盛り上がりました。今日は興奮冷めやらぬまま、不動産屋に連絡を取り、今度見に行くことが決まりました。そもそも私が引っ越しを選択した理由は……。

私の日記を最初のほうからお読みの方はおわかりでしょうが、それはまあ、よくもこんなにたくさん背負ったものかというほどの数字の、借金と呼ばれる経済的な負担を私は背負っています。そんな中、半年ほど前までは何度もネガティブに受け止めたり、時には自分のこんなに素晴らしい生業までも変えようかということまで考えたりしていましたが……。

ここ3、4カ月は、なんて素敵な学びを与えてくれたのだろうと逆に大感謝しています。その中の大きな学びの一つが、マイホームというものに対する執着からの解放でした。もともと、本当に住みたい場所は南房総の海の近く。経済的な状況が整ってからという三次元的な考えのもと、夢や希望として考えつつも足踏み状態が続いていました。わくわくを選択すれば、今のわが家は住居としては違うはずなのに、結局は経済的観点という、とても物質的なことの固定観念や世間の価値観の中にいたために、わくわくすることを選択できなかった私や妻に対して、今回も背中をそっと押していただいた感じです。

そもそも、私と妻が自己責任のもとにわくわくする選択をした中の一つとして大きな方向転換できたことは、家と土地や自家用車、そして世間体といったことを捨てることで、日本の法律のもと道理にかなっているとされる方法にて、経済的な問題を解決しようという選択です。

間もなく愛車のエスティマが私たち家族のものではなくなるようです。車検直前だし約5年間で15万キロ近くも走った車ですから、金銭的価値というものはほとんどないと思いますが、先日電話があり具体的な日時は決まっていませんが、間もなく渡さなければならないようです。家や土地はまだ何も音沙汰ないけど、早くて来月、遅くても半年以内には渡すことは決まっているようです。

なんだか、このような事実は今の次元ではとてもネガティブなことのようですが、私も妻も一言で表せば「すっきりしたー！」という、そう快感でいっぱいです。そして、今後の展開についてをあれこれと考えただけで二人ともわくわく。家族みんなもわくわくです。

ネガティブな発想からはネガティブなことが生じる。私にも妻にも、今回の選択は追い詰められてのネガティブな選択ではなく、明らかに現状においての最高のベストと思うわくわくを選択しての結果です。ポジティンブな発想による選択したことからは、ポジティブなことが生じる。まさに、今、波動の上がる現実的な出来事が、次から次へとわいて出てきています。

このような経済的状況の事実を最近になって知った私の東京の実家で暮らす両親は、驚くやら心配するやらでたいへんなようですが、私からは笑顔で一言。「思いをかけてくれるのはうれしいから、それを心配という形にしないで安心にしてね」父親はこの言葉に対して、なんのこっちゃ？　という感じでとてもネガティブにとらえているようですが、私も妻も人にどう思われるかなんていうことは最初から何も気にしていないので、そんな両親に対しては慈愛の思いを向けています。もし、実家の両親に迷惑をかけるようなことになったら別ですが、特に何も迷惑をかけていないし、家族6人の責任のもとでの選択した結果ですから。

Chapter 19

2007年9月17日
行ってきます！

今日、これから家族で物件を見に南房総まで行ってきます！

ここ4、5日は、今日が楽しみなのと、子どもの運動会や親類のことなどなど、気持ち的に落ち着かない日が続いていたために、日記もメールもお休みしていました。でも、今こうして書く気になったので、またきっと日記やらなにやらにいろいろと書き込むと思われます。

私自身、いろいろなことがさらに動き出してまとまってきています。その中で、ネガティブなことは何一つありません。そのときそのときは、とてもたいへんな修行（荒行）に感じたり負けそうになったりすることもありましたが、すべてが解決してみて後ろを振り返った時、アー良かった。あの修行の意味はこれだったのかと、後付でわかることがたくさんありました。

私は、これまでの選択も状況も、最高なものとか完璧なものとかということを思ったことは、1度たりともありません。よりベストな選択をしようと常に心がけることであり、自分の置かれている状況をよりポジティブにシンプルに受容することが、私にとっての修養であると思っていますし、より最高であり完璧に近いものを選択しているとも思っています。

「人間は最高に高いところへは到達できない。なぜなら、最高に高いところにある神に近づくことはできても、神そのものにはなれないからである。上には上がある。これが最高点ということ、完璧であるということ、そんなことを人間が判断することは不可能である。自分の選択したことが、今の自分の歩んでいる道が100％完璧だ。最高だ。間違いない。と受容することを選択したときから、上に行かずに下に降りることを選択したことになる」

「自分の選択したことにも歩んでいる道も、疑いとか不安とかといったネガティブなものを感じる必要は全くない。そして、常にもっと完璧に近い、最高に近い、そんな選択をしようと反省し続けて、後ろを振り返ってもすぐに前に向かって歩く。それが大切なことである」ということだそうです。

カルマの法則、波動の法則などの完璧である宇宙の法則において陰陽調和されている中、今、この状況に至った自分を、宇宙の中における役割を担っている一部として、完璧である神のもとに存在していることを大いに喜びとして感じています。

2007年9月20日
ハモンデウス（高次元の宇宙人）からのメッセージ

星と星の間の距離というものを考えると、それはそれは果てしない距離ということになるわけですが、そんな天文学的な数字ということも、とても物質的で面白いものだと思いませんか。

数字という物質に触れることで、地球上における人間という存在の多くは、物事を判断して計算することにより、それだけで無理である、可能である、可能かもしれない、絶対に不可能であるなどという、起こりもしないやってもいない結果というものを推測するという習慣があるようです。

私たちにとっての数字というものは、そういうものではありません。あくまでも目安であり、感覚をわかりやすく表現するものであり、マークであり、物質を示すものであるということです。だから、数字に左右されるとか、数字によって混乱を招くとか、そういったことは全くというほどありませんし、そんな数字に惑わされるということはありえないことです。

あなたが物質というものを乗り越えたとそれなりに感じているかもしれませんが、まだまだどうしても抜けきれない数字という枠は、私たちからすれば滑稽に映ってしまうほどの、とてもゲーム的な大したことのない小さなことであるとしか思えないのです。その枠にまだまだとらわれていて、はまったままにいるあなたというものが、とても信じられません。もう、とっくに脱するだけの知識と経験を、地球において英知というものとして身に付けているはずですから。そして、宇宙にあった存在としての状態に、もうすぐそこまで近づいてきているのですから。

このようにして、物質というもののしがらみから抜け出して、本当の魂をよみがえらせるという作業を、あなたは身をもって行っているという自覚を持っているわけですから、この、最終段階ともいえるべき今のこの状況を、いかにもあっさりと抜け出して世に指し示すという、まるで義務とでもいえるようなものをあなたは背負っているのです。

　数字を計算するなということを申し上げているのではありません。あくまでも、数字にとらわれて、支配されて、そして波動を下げたり必要な経験を控えたりする、そういったことをあなたが行うということは、もう許されないとでもいうべきでしょうか。

　示してください。あなたがここまでもうきたのだから、だから今まで以上に強固たる自信のもと、指し示してください。数字は、あくまでも物質的なことを表したマークです。計算は参考にはなるけど、今後の行動や思考を狭めたり制限したりするほどの大きなものではありません。ましてや、波動を下げるなんて、そんな必要のないことをするには、あまりにももったいなさ過ぎます。


　ハモンデウスという名を用いて、この地球という地を見つめているものです。あなた方に期待してやまない、宇宙の果てから来た同志です。もう何万光年なんていう数字を出したら、驚いて波動を下げてしまうかもしれないので、その辺は折をみてお話しします。でも、面白いことに、数字としてはとても遠い星から来ましたが、実は私とあなた方とは、とても近いところにあるのです。一瞬のうちに、あなたのもとにいけますし、私の星にも帰れます。数字というものは、そんなふうに単なる目安でありマークであるだけです。

なんだか、ちょっと理解ができないことも話してしまったかもしれませんが、そんな一つの面白い話もあるんだというくらいの認識でもかまいません。こうして、あなた方との通信ということができたことに喜びを感じます。

2007年9月20日
地球内部に住む高次元の方からのメッセージ

八百万の神々に聞いてごらんなさい。こんなにも美しい日本という国は、それはそれはとても珍しいといえるほどの輝きを放っているのですよ。

何が美しく素晴らしいものかと言いますと、それは美というもののセンスと山というものの気高さと橋というものの美しさと、それはそれは数え切れないほどたくさんあるのですよ。

あなたにとっての日本という国の認識は、きっと表面的なことしかわかっていないかもしれないけれど、もっと内面にある美というものをそろそろお見せしたくなってしまいます。内面というのは、表面ではなく地の底（※）という意味です。あなたが踏んでいる大地という地の底にある美しさです。

あなたは、橋が美しいと書いたことに何やら抵抗があるようですが、私の示した橋とは、地の底にある橋のことです。

今、ご覧いただいたように、それはそれは美しくて例えようのないほどのまばゆいほどの光や色彩で彩られているこの橋は、宇宙の中でも芸術品として知られているほどです。

八百万の神々は、この地の底の世界も知っています。そして、表面である世界を護りつつも、地の底の世界も大切にしてくれています。地の底の世界のこの美しさは、この世の果てまで続くといわれている宇宙広しといえども、それはそれはまれに見る美しさでもあります。

アセンションの時を迎え、地球の世の人々が受け入れられる態勢になった時、地の底の美しき世界は開放されます。そして、誰でも自由に出入りして使えるパラダイスとして世に放たれます。なんだか、この世にもそのような美しい世界がすぐそこに存在しているのに、なんとももったいない話であると思ってやまないのですが、残念なことにまだ早いのです。

あなたは今、この世界を見て体験して、それはそれは早くもっと現実のものとして、物質的観点で認識したいと望んでくれました。とてもうれしゅうございます。地の者がこうして天のお招きをいただいて世に出るということは、そうめったにあることではございませぬ。

足底でエネルギーを感じてくださるたびに、あなたとのつながりがどんどん深く正しいものへと成る様子を感じています。ようこそアトランティスへ。お帰りなさい。コンソレフュード。もうしっかり、あなたはあなたになり、あなたのものとしてあなたを自由に見つめて暮らしていてかまわないのですよ。アセンションプリーズ。

※地の底の世界というと、なんだか地獄とか闇の世界という感じでとらえてしまう方がいらっしゃるかと思います。表現を変えると、地球の内部に存在する世界ということになりますが、このような表現だと、少しはポジティブにとらえることができるでしょうか。
宇宙に存在している、たくさんの星の中には、星の表面に生命が暮らしているという星だけではなく、地の底、つまり星の内部にも生命が存在している星がたくさんあります。今の地球の表面に存在している、三次元レベルであり、宇宙の文明社会と比べたらまだまだ極端に劣っているわれわれ非文明社会の人間レベルでは、星の内部に住むということは、想像できない、とても考えられないということになってしまうでしょうが、宇宙の文明社会のみなさんにとっては常識的な普通のことなのです。

今回、私が見させていただいた日本の地の底の世界は、一言で表現すると、とてもカラフルで美しい「虹色の世界」でした。日記に書いた美しい橋は、橋とはいっても、われわれの想像する川や海を渡るための橋とは違って、何か一つの大きな建造物が大きな大地と大地を結んでいるという感じの、なんとも言い表せないほどの美しく巨大な物でした。
地球の内部にはいくつもの文明社会が存在しているようですが、この日本という地の底に位置する世界は、表面である日本が、今、こうしてアセンションの中心となっている美しいスピリチュアルワールドを少しずつ築き上げているように、ずっと以前から地球の中心としての大きな役割を持つ文明社会が存在していたということだそうです。

2007年9月20日
ハマラ（高次元の霊界）からのメッセージ
もちろん、それなりにわきまえるということが必要であるということはわかっています。あまりにも唐突に物事を書き記したり、物事を見極めて表現したり、そういったことがたびたび不調和を生んできたという時代の流れというものは承知しています。それはそれとして、それなりに考慮したうえでも、やはりここまできたということから、わかってくれる人、わかるだけの準備が出来た人、わかることによってより大きく目覚める人、そういった次代を担う者たちにとって、やはり必要なことはどんどん開放して書き示していくべきではないかと思います。

あなたが、今、地の底の世界について書いたあとに、ずいぶんと公開することをためらっていましたが、やはり書いたということは、あなたの意でもあるわけですから、これまで書いてきたことと同様に、やはりそれはそれでとても書くことの意義があるということになります。

私にとっても、今日のようなあなたがこうして受け入れる態勢が十分に整っているというこの状況は、素晴らしい機会であるということから、こうしていくつものメッセージをつなげているのです。

今、はじめて明かしましたが、私、ハマラはあなたと宇宙や天上界の方々とをつなぐパイプ役として働かせていただいています。もちろん、光栄なこととして自ら望んだことでありますす。時折、私ハマラをお感じになられてくれたことをとてもうれしく思っておりましたが、私からのメッセージが感じられないというのは、実はそういったことからなのです。

そろそろお疲れになられたようですので、この辺にて失礼いたします。

あなたを大切に思っていますハマラより。

2007年9月21日

素敵なあなたへ

　何を思ったか。何に出会ったか。何を感じたか。

　つまり、「心が変わること」「気づき」ということはとても大切であり、三次元の世では自分の方向を選択するのには、最初の段階である。

　しかし、心が変わっただけでは残念ながら前にはそれほど向いていかない。それには、行動がともなわなければあまり変わってはいかない。物質世界である三次元の世では、行動がとても大切になる。

　行動の一つである「身を置く場所」というのも、一つの大きな鍵となる。どんなに素晴らしいことを思っていても、どんなに素晴らしいことを行動にしようとしても、極端に例えるならば、誰とも接触も通信もできない所にて一生を過ごしては、人々に還元することは難しい。罪を犯して収容されている所よりは、自由な場所にいたほうがよりよい。スピリチュアルなことを世にポジティブであり必要なこととして浸透させるには、それなりの身の置き方がある。

　行動が変わっても、習慣にしていかないとあまり長続きをしていかない。継続は力なりという言葉があるが、継続しないとそれほど力にはなっていかない。あまり世には浸透していかない。そしてなによりも、自分自身の身につかせ波動を変えて修養するには至らないともいえる。もちろん、これは宇宙の法のもと（愛という基本法）のことを習慣にするということに限るが。

宇宙の法に則して、習慣さえ変われば人格が変わる。波動が上がる。当然、運命も変わる。出会いが変わる。道が変わる。変わるというより、自分自身の本来の輪廻転生してきた目的に向かって、より最短距離を歩むようになる。

心が変われば行動が変わる。行動が変われば習慣が変わる。習慣が変われば人格が変わる。人格が変われば運命が変わる。

――この素晴らしい言葉は、こんな意味を持っていると思う。もちろん、悪しきことを習慣にしてしまえば、前述したことの逆になり落ちていくわけだが……。

わかっているのならば、行動すべきである。

わかっているのなら、身の置く場所を適した場所に変えるべきである。

わかっているのならば、過去の自分を振り返り今の自分をそこに当てはめようとするのではなく、理想を現実として思い描いて妥協して思い込もうとして目の前の自分の問題や課題から逃避するのではなく、シンプルに、理想の道を、進むべき道がわかっているならばまっすぐに歩むべきである。

数字とか計算とか保身とか過去とか、まだそんなことを気にしていて本来の目覚めを遅らせて後退させる必要が、今というこの大切な時に、どうして選択をするのか。

私には残念でならない。でも、私には全くネガティブには思わない。私にとっては、とても小さなことであるから。でも、また再び本来の自分自信に気づき、ともに目覚めて同じ道を歩むようになってくれたら、そうしたら私にとっても宇宙にとっても、とても大きなことである。

☆　☆

2007年9月28日
万葉の世をともに過ごした同志からのメッセージ

降りてきたメッセージをそのまま書いていたのですが、なんだかあまり意味のわからない古文調の文章を書かされたので、10行ほど書いたところで、やっぱりよく意味がわからないから消してしまいました。そのとたん、現代文で以下のメッセージが降りてきました。


書きかけたのに消すという、これもまあ面白いこととしてとらえるようにしましょう。

あなたが、今、望んだように、今の言葉で言い表さずに、古文といわれる今の表現方法としては不適切ともいえる手段をあえて一度使わせてもらったのにもわけがあります。

あなたが、珍しく私どもを呼び寄せてメッセージを書くという素晴らしいお役目を理解した行動に徹した時、最高の面持ちで私どもは見ていました。

されども、古文といわれる文章を書き出したあなたは、それでは何の意味かよくわからぬと申されましたのに、それでも従って書き綴るあなたがやけに面白くうつりました。

いいのですよ。やはりあなたのお役目の中でのメッセージを降ろすというお仕事は、そんなに無理してやらなくても。あなたの思うこと理解できること正しいと認識していること、そういったことを書くというあなたの責任を持てることだけを書き記せばいいのですよ。

まるで試すように、あなたに対してこのようなことをしてしまったことをどうかお許しくださいませ。

明日から始まるまた新しい世に移るための一つの神の計画が実行されるわけですから、それはそれで、今の段階では少しでも大きく目覚めることが大切なのです。

サニワとは申されても、実はそれほどたいへんではなく、サニワすることよりもサニワする本人であるあなたがどの位置にいるかということだけで、より正しいサニワができるかどうかが決まるのですよ。

先ほど、一瞬の迷いがありましたが、あなたはすぐにこれは正しいものからの言葉であると、きちんと見分けることができましたね。それでいいのですよ。あのことを疑ったり知識の中から探して考えようとしたりするといった五感からサニワしようとすると、時にはとんでもない間違いをすることになるかもしれないのですよ。

良かったなあ良かったなあと喜んでおられるこの方こそ、私どもが万葉の世であなたとともに暮らしていた時、あなたと奥方のもとからこの世に生まれ出た子でありますよ。なんとも面白きお顔だとあなたの目の前を通られた時に思われ、誰だ誰だと心を疑念でおっていましたが、これはあなたの子のあの時のお姿をそのままお見せしたのですよ。名はやこのひこ。今は霊界にてあなたさまをお守りくださっているのですよ。

同窓会という今の言葉があてはまるのかどうかはわかりませんが、こうして天界や霊界や現世にてばらばらという状態の場所で暮らしているもの同士が、本来は一緒に暮らしているのに、なかなか気がつかない様子にあきらめかけておりましたが、今、こうしてこのように言葉というものを使って分かち合えるということを、まことの喜びとして大いに感服しました。

あの世もこの世もあの宇宙もこの地も、何もかもが今こうしてどんどん一つになっていくことを、あなたのように地の三次元で生きている人がどんどん感じていくことを、われわれは望んでいます。本来は一つであり、いつでも行き来していて、何の隔たりもなく、いともあっさりと通じ合えるというのに、面白い世ですね。この次元の世とは。でも、面白いといえども、本当の意味での面白く楽しく豊かで愛あふれるという状態は、何の囲いも隔たりもない、自由で素朴で愛だけがはびこる世であります。

ああ、あふれでる太陽の光よ。泉のごとくわきでる宇宙の光よ。神からも仏からもすべての天上界からも、こうしてたくさんの光が降り注ぐ。こんなに素晴らしい地球という地に、今こうして次元の波が押し寄せ、洗い流し一掃し、きらびやかな美しい光景だけが広がる。あふれ出る愛に満ち満ちて、もう月のかげりをかげりと感じなくなり、憂い悲しみ痛み苦しみ、そんな言葉は過去のものとなり消えうせる。あたかも、これまでもそうであったかのごとく、振り返ってみると過去のことになっている。今も未来も輝くことばかり。何て美しい世であろうか。なんてみずみずしい朝であろうか。

明日からの世は、見事に楽しみに満ち満ちているではありませんか。

Chapter 20

２００７年10月3日

宇宙連合からのメッセージ

待つとはいっても、ネガティブな思いを持って待つということと、わくわくしながら楽しみに待つということでは、大きな違いがあるわけです。あなたの、今の待つという行為は、準備をするという言葉が一番あてはまるのでしょうか。待っている間、波動がどんどん上がっていき、今、こうして波動が合ったところで私とつながることができました。このたびもどうぞよろしくお願いします。

足音を立てるように、刻一刻と近づいてきているアセンションの時が、音としても強く感じられるようになってきましたね。先日お伝えしたように、ここ4、5日の音、つまり波動がまた大きく変わったということでの気づきは、できる人とそうでない人とが、極端に分かれているということになります。まあ、できたからといって波動が高いとかすごいこととかというわけではなくて、今回のこの宇宙エネルギーの質は、特定の人が感知して得ることにより、それも陰陽の調和をもたらすということになるからであります。

ですから、その一種独特の強い波動を感じ、全身で浴びながら得ることを選択して取り入れたあなたがたご夫妻は、それはそれでのお役目を果たすためでありますが、いつものようにそれが何かということを詮索する必要もないし、理解しようとしなくてもよいということになります。そして、わかったほうが良い時にはわかるわけですから、そんないつもの感じで受け止めてください。

どんどんあからさまに世に示されるようになってきた、政治という世界での不可思議といえる道理の中での出来事が、より具体的に、より世界規模という大きなものとして表出してきました。もう、すでに日本のみのレベルで言えば、こんなにもわかりやすいほど目に見えて魔の存在も幼い魂の強いエゴで凝り固まっているという皆さん方も、くっきりと浮き出されて世に示されているということで、ぜひ根本のみをシンプルに受け止めることによりご理解いただけるとうれしいと、タエヌ共々強く思っている次第であります。そんな中、政治や政府そして政治家を決して批判してはいけません。批判する心が生じることにより、怒り、不安、心配などといったネガティブな感情を抱いて波動を下げてしまったら、それこそ魔の思うつぼです。とにかく、淡々と事実の真意のみを見続けて、理解し受容してください。かといって、すべての出来事に対して凝視する必要も分析しようとする必要もありません。ネガティブに受容しそうになった時のみ、ポジティブに受容するためにはそのような作業が必要になります。

何も、政治や政府というものだけが、そういった対象になるわけではありませんが、三次元の世において、政治家本人も人類の多くも、何か一つ高い所に位置している存在として政治家や政治の事実をとらえているようですが、実際はそうでないということ。そういった事実がこの地球の人間社会の今の世には、たくさんある中の代表例であるということなのです。そして、常時マスコミによって取り上げられているために、その動きも状況もわかりやすくなっているということなのです。当然、マスコミ自体も政治の世界に似ているので、同様にそのままマスコミの情報を鵜呑みにするというわけではなく、その報じられ方から、何をどのように受容するかということが大切になってくるというわけです。

今、多くなってきているこの宇宙エネルギーの中の一つに、こういった魔とか闇の世界とかという、とてつもなくネガティブで荒々しい音（波動）を持っている者たちと、それぞれの人のお役目に応じて戦うという使命をお持ちになられた方に対して、必要であるポジティブなエネルギーが向けられています。まあ、戦うとはいってもみなさんがイメージしている戦いとは違う部分が多いわけですが、一言で意味を言い表せば「正しい道を歩み続ける」ということです。正しい道を歩み続け、身をもって指し示すことができれば、それは多くの人々にとっての励みになり手本になり参考になり、さらなる魂の向上に結びついていくのです。

だから、この前の日記にも書いたとおり、身を置く場所や行動がとても重要になってくるのです。そういったお役目がわかっている人々は、わかっているのでしたら実行する義務があります。このような、素敵なアセンションする瞬間を味わえるという体験を目の前にして輪廻転生してきたわけですから、責任はとても重大であるということになります。

今、こうしてこのたびのメッセージを降ろすに至った経緯は、宇宙連合という言葉で日本のみなさま方にはすでに認識されている方もいらっしゃいますが、そこからの複数の宇宙人のメッセージであるということを書き加えておきます。複数とはいっても宇宙連合ともいえるし、宇宙の高次元の者すべてからといっても過言ではない、一つの神からのメッセージととらえてもよろしいと思います。ありがとうございました。

2007年10月12日
アウェス（高次元の霊界）からのメッセージ

あふれんばかりに住まうこの大地における人間という存在は、それだけ地球にも影響を及ぼしているということになっていくわけである。

環境や社会に関するあらゆる問題というものが生じている原因となるものは、この人間が作りだした物質や出来事に起因することがほとんどである。

別に、われはそんなことを嘆いているわけではない。それはそれで、地球の土地というもの、地上界というものは人間が作り上げ育て上げていく世界であるわけだから、その責任においてどうなるということに関しては、わが立場からは手出しができないのである。

ただし、わが立場からも見守ること、イメージやインスピレーションを与えることなどにより、本来の道や方向性や道理などといったものを知らせるということはできる。

わかっておろうが、わが道は天の道。そなたたちの道は地の道。決して交わることはないが、同じ宇宙にある道であることでいえば同じであるということ。宇宙の神が与えてくれたということでも同じであるということ。今更名乗るのもなんであるが、そなたの希望をかなえるために名乗ると、スサノオノミコトの使いの者であるアウェスという名であると伝えておこう。

そなたはあまり深く考えてはおらぬようだが、環境問題というものは、それなりに真剣に考えて、人間が引き起こした責任上、人間が何とかしていこうとせねばならない問題である。今までのように、団体で何かをするとか資金というものを集めてなんとかするとか、確かにそういったやり方はそれなりの効果というものを現すわけだが、これではいたちごっこというものになってしまう。結局は、世界の人間一人ひとりの問題。問題が生じたからなんとかしていこうとするのではなく、問題が生じる前に、または問題といわれる事態になりそうだとわかった時点でなんとかしていかなくてはならないことである。

まあ、簡単に言えば道理を守る、道理に従うということじゃ。道理とは当然、神の道理じゃ。あのゴミはこうせよとか、排気ガスをこうせよとか、そんなチマチマしたことは個々の責任問題に任せておけばよろしい。その、責任として、どれだけの道理を持っているか、道理を実践しているか、道理に即した生き方をしているか、そこを大いに見直すべきじゃと言っておる。

まあ、環境問題だけではなく、すべてにわたっていえることだから、ここでくどくど申すには至らぬが、なにぶんあまりの道理のなさにはあきれてしまうという人間が増えすぎているということじゃ。

道理のわかる人間は、道理に適った生き方を、今まで以上にきっちりと見せつけるがごとく生き、負けそうになったら天につながり力をもらい、天の道理の生き方をして喜び勇むなら、大いに喜びを表現し、人々というものの見本手本となるように、まるで舞台俳優のごとくパフォーマンスをするがよい。ああ、なんて素晴らしいことなのだろうと、そなたたちの生き方を見て思うだけで改心し、天に近づけし者を増やすことができるのざぞ。

美しき天界と美しき地上界。美しき宇宙の中で、溶け合い調和し、同じ次元の中で融合する。美しきものがさらに美しくなり、美しさはまたさらなる美しさを呼び寄せる。大天使ミカエルのように、大きく美しく羽ばたくことができるのざぞ。美しい地球だから美しくありたい。ただそれだけの道理を、人間という存在一人ひとりがもつというだけで、それだけでよいのざぞ。

2007年10月16日

近況報告

今月11日に約5年間乗っていたエスティマを手放しました。その後、車のない生活を始めてからは、おもしろいくらいよく体を動かしています。もっとゆっくり過ごすとか、電車やバスといった交通手段を使えばいいとかとも思うのですが、性格上ゆっくりできないし、買い物（特に食料品）で妥協できないものは時間をかけてでも買い物に出かけちゃいます。電車とバスは、邪気が多い時は厳しいので、どうしようもない場合を除いては避けてしまいます。デンプも、結局バスに乗りたがらないので、往復8kmの道のりを保育園まで自転車にて送迎しています。

そのため、ここ4、5日で歩行距離は約20km、自転車の走行距離は約60km、とてもいい運動になりました。さすがに肉体的に疲れましたが、私の肉体のちょっとした問題としては、腹がぽっこり出ていて理想的な体重にプラス20kgという状態。これをどうにかしなくてはと常日頃思っていたので、この運動量は最高なことでもあります。

今日はアマンダの7歳の誕生日。プレゼントは昨日のうちに買って渡してしまいました。これから、アマンダのリクエストである今晩のメニュー「パパの握り寿司」のネタを買ってきます。パパの握り寿司は長女の誕生日以来ですので、アマンダも楽しみ。家族みんなも楽しみです。

今回、久しぶりに水晶を中心にパワーストーンを注文したり、昨日は問屋さんに行ってシリコンゴムやちょっとだけ商品を購入したりしてきました。昨晩は、そんな水晶ちゃんたちをテーブルに並べて眺めていたら、お店を始めた頃、大好きだった水晶ちゃんたちへの想いみたいなものを思い出しました。いつのまにか、ちょっと冷めてしまっていた想いが、かわいくて美しくてパワフルで……とっても素敵に輝いて見えました。

経済的なことですが、日本の法律における債務整理を開始した9月の中旬過ぎ頃から、なんとか少しは普通の生活ができるような状況になってきました。ちょっとだけ余裕が出てきましたが、貯金をするなんてほど遠いし、食生活だってここ半年はそれほど変わっていません。でも、せっぱつまって税金や保育料金や水道光熱費なども払えないといった状態からなんとか抜け出すことができました。

というのも、妻のちょっとした勘違いから9月まで気づかないでいた、9年ほど前に家を購入した際に頭金に充てたり物品を購入したりしてすべて使ってなくなっているはずだった貯金に、なんと残金があったことを発見。そんなに多くはなかったけれど、保育料5カ月分や公共料金等の最低限の支払いの代金は、この思わぬ貯金でまかなうことができました。今まで、よく見つからずに隠れていたなあと感心しましたが、今になって発見できて良かった〜。

2007年10月21日
宇宙からのおくりもの

宇宙は必要なものすべてを与えてくれます。地球の神も仏界も霊界も、必要なものすべてを与えてくれます。

宇宙から直接与えてくれるものもありますが、地球の神や仏や霊界のスピリットや宇宙の文明社会のみなさんは、宇宙から与えてくれるものを、より「人間個々の状態に合わせてより具体的なもの」にして与えてくれます。

宇宙が与えてくれるものを具体的にあげますと、「エネルギー（気）」「インスピレーション」「カルマ」「波動による同調」「調和」「愛」などであります。これらを三次元的に、よりわかりやすいものとして現象化したものが、物質であり出会いであり出来事であり……そういった五感（聴覚、視覚、味覚、触覚、嗅覚）でわかる事柄です。

ただし、われわれ人類の波動の状態、オーラの状態、魂の状態、今世を生きる目的、愛の度数の状態などの個々の状況によって、何を与えていただけるかという内容は違ってきます。

より高い質のエネルギーを受け取りたければ、波動を高くしてポジティブな生き方をすることです。それさえしていれば、波動の法則により、その波動に見合ったエネルギーを受け取ることができます。

宇宙の文明社会のみなさんも、神様も仏様もお蔭さま（守護神様、守護霊様、守護仏様、ご先祖様などの、スピリットとして陰ながら自分をご加護してくださっているみなさま）も、高い波動のスピリットのみなさんは、我々人間個々に対してのギフトとして、とても謙虚に、まるで自分が思ったかのようにして与えてくれるものが、インスピレーションです。この与えていただいたインスピレーションを、よりわかりやすく、より具体的な内容として受け取るには、自分の波動をより高い状態にしておくことが条件となります。つまり、波動の法則がはたらくということです。高次元の存在からいただいたインスピレーションを実生活に生かせば、かならずより高い波動を生み出す結果が生じます。そして、いただいたギフトに感謝し、さらにインスピレーションをいただき生かすといった愛の循環を繰り返せば、より波動は高まっていきます。

カルマの法則は完璧です。与えたものは必ず返ってきます。愛を与えれば愛が返ってきます。逆に、強いエゴや怒りなどといったネガティブなものを与えれば、同じ質のネガティブなものが返ってきます。

このカルマとは、五感でわかる現象として同様なことが返ってくるということではなくて、あくまでも同じ波動のことが返ってくるということです。例えば、人をほめたから人にほめられるとか、人を叩いたから誰かに自分も叩かれるとか、そういった五感的なめぐりのみではなく、あくまでも同じ質・波動といったものがめぐるということです。

アセンションに向けて、地球全体に対し、さらに多くのギフトを宇宙は与え続けてくれています。

現段階では、五感でとらえることができる現象が、現実とか事実とかといわれる基本的なわかりやすい事象として、実生活の状態を見て感じる基本となっています。確かに、今の状態の人間の感覚においては五感というものが大きなものではありますが、五感でわかる現象のすべての根本となっているものは、スピリチュアリズムとか霊的真理とかといった宇宙の法（愛の法）です。

アセンション後の人類は半霊半物質の状態になるといわれます。人類がそのような状態になれば、現在とは比較にならないほど宇宙の法に基づき、高い波動の中で実生活を送ることができます。そして、現状の物質世界に合った状態である今の人間の心身の状態であっても、宇宙の法をより意識し実生活に生かしてポジティブに過ごすことで、アセンション後の人間の状態に少しずつでもより近づけることはできます。

多くの人が五感としてわからない世界を、見えるとか聞こえるとか感じるとか、そういったことがわかるかどうかということについては、大した意味はありません。

もしそういったことがより強く感じられた場合は、どのような波動の状態でつながりわかることができたのか（宇宙からなのか場からなのか、またはどのようなスピリットから与えられたものなのか）、それをどのように受け止めたのか、そして、その「受け止めたことを自分自身や他の人や地球や宇宙に対してどのように生かすことができたのか」ということが大切です。

それよりも、そういった感覚的世界とか精神世界とかというものを、たとえあまりわからなかったり実感したりすることができなかったとしても、「宇宙の法をどれだけ意識して実生活に取り入れるかということ」が大切であり、すべてでもあります。

２００７年10月23日

アセンションに関する情報の受けとめ方

　残すところわずかとなってきた、このアセンションまでの時間というものは、地球人類にとってはとても重要であり、有意義に過ごすほうがよいということは、再三多くの宇宙からのメッセージにありましたように、いまさらあらためて伝えることもないかとは思います。

　それなのに、まるでせかすように、一つ間違えればあせらせてしまうという危機感のようなネガティブなものを生んでしまいそうでもあるのに、またこうしてお知らせするということには、やはり大きな意味があるからなのです。

　世のマスコミによって報じられている様々なできごとから、「どんどんアセンションの時が近づいているよ」「天変地異や事件などを見ているとわかるでしょ」とよく言われます。実際のところ、本当にそうなのですが、「よく考えると、これまでにも様々な事件や天変地異はあったのだから、アセンションのための現象として特別視すれば確かにそうだけど、これまでどおりと思えばそうかもしれない」とも思えるのです。

　アセンションは本当にするの？　しなくてもいいのではないかな？　結局、これまでどおりに少しずつ世の中が変化するだけかも?

まあ、確かにこれまで繰り返してきた、日本でいわれている現代史というものを基準に考えると、未知なもので想像を絶するような状況が待ち受けているというアセンションというものより、現代史にあてはめて今後を予測するほうが容易に想像できて納得ができることでしょう。

何をここで述べたいかといいますと、アセンションすると地球や人類はどうなっていくのかということを、三次元の人間の常識や知識や経験などを根本とした価値基準や判断基準や常識や学問や科学の基準では、とても予測や想像をすることは難しいということです。

これまで、様々な書物やインターネット等で紹介されてきた宇宙人や高次元のスピリットからのメッセージ、またアセンションに関する必要な情報を三次元の世の中の人類に知らせるという目的を持って輪廻転生してきた人が知らせている内容は、地球における科学の観点では証明したり想像したり受け入れたり納得したりすることができるものとできないものとがあると思いますが、真実を伝えているものは本当に真実なのです。

しかし、残念ながら、真実のようで真実ではない魔からきたメッセージや、波動の低い人自身のイメージや思いや考えを伝えているものもあります。

アセンションについて伝えられている情報を、すべて鵜呑みにしたりそのまま受け入れたりするのはとても危険なことです。日本にある古くからサニワという言われ方をしている内容に似ていますが、本当は、個々が与えられた情報を自分自身で、波動の高い所から発している情報なのか、あるいは波動の低い所から発しているものなのかという、大きく分けて二つの情報に振り分ける必要があります。

高次元からのものなのか、魔からのものなのか、どのような波動の人間からのものなのか、情報を振り分けるのはとても難しいことのように思われる方が多いかもしれませんが、実はとても簡単なことなのでお伝えしておきます。

まず、受容しないほうがよい、魔を中心とした波動の低い所からの情報に関しての見分け方です。

最初に、現段階の魔の状況を簡単に表現しますと、アセンションに向けて地球や人類の波動、また宇宙から降り注がれるエネルギーがどんどん高まっているために、アセンション後の地球には存在できなくなる魔は、最後の抵抗をしているといった状態です。

魔とは、簡単に表現すればマイナスエネルギーのかたまりです。魔の情報とは、マイナスのエネルギーを引き出すためのものです。マイナスのエネルギーを人間から発させることによって、三次元の世を魔の居心地のよい世にしようとしているのです。そして、波動の下がった人間の行動により、周囲の人や地球自体の波動までも下げようとしています。こうなってしまうと、魔の思うツボとなります。

前置きが長くなりましたが、本題に戻りますと、魔の発する情報とは「強制」「依存」「制限・否定」「脅かし」「怒り」「心配・不安」「恐怖」「エゴをあおる」などといったネガティブなことが含まれている内容で、受け止める人間に対してネガティブに受け止めさせようとする内容になっています。

具体的に挙げますと、「～しないと助からない」「～すればあなたは助かる」「～が救世主として助けてくれる」「地球は破滅する」「他の星に移住する必要がある」「～を信じなさい」などです。

魔からの情報は、読んでいる途中や読み終わったあとにネガティブな思いになります。人間からの情報でも、波動の低い人間からの情報も同様です。

こういった情報に触れた時、ネガティブな思いを感じても、決してネガティブに受容しないことです。宇宙の法において、ネガティブなエネルギーを発するもので必要なものは何一つありません。受容する段階で、ネガティブな感情は完全に削除することです。ただし、情緒は入れずに、ひとつの情報としては記憶に留めておいて、今後の参考にする分にはよいかと思いますが、今後の実生活に生かす必要はないと思います。

そして、とても大切なことは、このような波動の低い情報に触れたとしても、決して「批判しないこと」「情報を発した相手に対してさげすんだ気持ちを向けないこと」です。情報を発した人が、たとえ低い波動を持っていて低い波動のメッセージを発したとしても、情報を受け取る側との責任上においては関係のないことです。情報を与えてくれたのですから、やはり「ありがとうございます」という感謝の気持ちを向けるべきだと思います。あとは、受け取った側が、どのように受容するかという自己責任の問題となります。

高次元や高い波動の人間からの情報は、言葉による表現の仕方によっては情報を受け取る人により多少のネガティブな情緒が生じたとしても、結論はポジティブなものに感じるはずです。そして、依存や強制や不安・心配をあおるといったものでもありませんので、内容を受け止めて生かすか保留にするか削除するかは、あっさりと判断できるはずです。

もっとかみくだいて、情報のとらえ方としての心構えをシンプルに表現しますと、実生活に生かせることは生かしていけばよい、そうでないことは深く考えないこと、そして、少しでもネガティブに感じたことは削除すること、よくわからないときは保留にしておくこと、詳しく知りたくなったらわくわくの感情に任せて詳しく知るために行動することです。

もうまもなくアセンションするという大切な時だからこそ、アセンションに向けてのたくさんの情報が今後もより一層数を増してくることでしょう。そういった情報に触れる機会が多くなってきたということだけとっても、アセンションが近づいてきていると実感できるではありませんか。ほんの10年前、そして30年前や50年前には、決してこのような状況ではなかったはずです。

いつアセンションするのか、どうやってアセンションするのか、アセンションしたらどうなるのか、自分は、知人は、いったいアセンションできるのだろうか、などといったことのすべてを知っているのは宇宙の神のみです。

われわれ人類が知っておくべき必要な情報は、すべてが現段階で宇宙の神により個々に対して知らされています。もちろん、個々の今世での目的、波動の状態などにより、情報の量も質も違っています。そして、神からいただいている情報は、すべてが必要なものでありポジティブなものなのです。

あとがき

本書の最初の日記から2月28日の「わが家のイルカちゃんたち」までは、自己紹介や家族紹介が主な内容となっていますが、この時点では、著者である私自身が、今後どのような日記を書くようになるのか、あまりわかっていませんでした。ましてや、出版するに至るとは、まったく想像をしていなかったことでした。

3月2日「卑弥呼からのメッセージ」では、半分ほど自分を残しつつも、チャネリングによる自動書記に近い状態で書き下ろしました。私にとって、このような状態で書き下ろした初めての日記でしたが、以降の内容においては同様の自動書記に近い状態で書かれた内容が多くなっています。

3月6日「彼の修行」では、これまで知人のほとんどのみなさんには一切語ることのなかった、私が経済的に困難な状況に直面しているという事実を、ストレートに書き表しました。この日記により、自分自身の状況や立場や思いや考えといった、本来の自分すべてをオープンにして書くという状態が出来上がりました。このころ、経済的に苦しいとはいっても、家族6人の生活はぎりぎりの状態でしたが、なんとかなっていました。でも、そんな実生活における経済的なこともそうですが、それ以上にきつく感じたのは、10社を超える金融会社からの催促の連絡でした。電話から伝わってくる邪気は、とてつもなく低い波動の強いものでした。返したいという気持ちはあっても、借りたものを返せないという負い目を感じていたので、そんな邪気をまともに受けてしまうこともありました。本書には載せていないパーソナルなことを書いた日記には、その中で波動が下がってしまったようなことも書いてありますが、そんな様子もストレートに書き表すようにもなりました。

その後は物質的な状況も金融業者との関係も、さらに厳しくなっていきました。しかし、スピリットや知人といった同志である仲間のみなさんに支えられながら、たくさんの気づきを与えていただいた中で、何かがふっ切れたようなストーンと落ちたような、とてもすがすがしい感覚になり、この物質的に厳しいといわれる状況を苦とか困難とかといったネガティブなものとしてとらえることから開放された感じがしました。そして、4月17日「アミ～小さな宇宙人～」を書いた頃には、私の気持ちの中は、なんともすっきりとしたポジティブな気持ちでいっぱいになっていました。

また、このころ一つの迷いがありました。それは、金銭を稼ぐことを第1の目的として、就労内容を変更するか否かということでした。それなりの高い収入が確保される就労先の当てがあったので、転職する直前まで準備を進めていました。しかし、結局は現状の仕事を選択しました。そして、この迷って深く考えたことにより、現状のスピリチュアルな内容の仕事に対しての思いがさらに強くなりました。

その後の物質的状況とスピリチュアル的な状況とを世間一般論に当てはめて比べてみると、そこには徐々に大きくなっていくギャップというものが生じていることはわかっていました。つまり、一般的に見たら惨めに思えるのではないかというような経済的な状況であるにもかかわらず、私も妻も、それはそれで自分たちの選択した結果だからとポジティブに受け止めて家族の調和を図り、今という時が幸せであるということを最高の喜びとして感じながら、とてもポジティブに実生活を送っていました。

そんな状況において、ブログに書く内容がどんどん深まっていく中、さらにこのギャップのような状態が大きくなり、ブログを読んでいただいているみなさんの中の一部から、私に向けられる波動が変化していく様子を徐々に強く感じるようになりました。そして、文章や言葉では何も表現されることはありませんでしたが、なんとなく書こうという気持ちが失せてきてしまいました。そこで、7月17日「額田王のメッセージ」以降は、日記を書いて公開する場所を別のブログに移して、三次元の世に生きている私の物質的状況とは切り離した、高い波動のタエヌのみの状態においてしばらく書きましました。

1カ月ほど後の8月15日「みんなでアセンションしましょ」からは、もとのブログに戻って書き始めました。それまでは限られた知人のみに日記を公開していたのですが、この日記からは完全に公開して、だれにでも読める状態に設定しました。このように完全に公開することで、不特定の読んでいただけるすべての皆さん宛に書くということによって、ギャップとか現状の生活とかといった余計なことを考えずに書くようになりました。

9月4日「執着・固定観念から自由になることの必要性」を書いたころ、私と妻は経済的な状況の解決のために、弁護士に依頼して債務整理をするという選択をしました。この選択は、一般的なイメージとして、とても惨めでたいへんであり、低いレッテルを背負うことになると位置づけられていると思いますが、私たちにとっては何の迷いもない最善の選択をしたという自負のもと、目の前のこと一つ一つをポジティブに解決することのみに努めました。それにしても、この選択を実行したおかげで、唯一苦しいと感じていた金融業者からの電話による連絡が一切なくなりました。そして、金銭的にも回復し、3月17日「たそがれ清兵衛」に書いたように、米が底をつくというような経済苦を経験することが、9月以降ではまったくなくなりました。

10月には自家用車を業者に引き渡し、自宅も来春には私たち家族の所有物ではなくなるという予定になっています。でも、本当に何も執着はありませんしネガティブにも感じていません。

何人かの経済的に援助してくれた知人に対しては、この先、必ず返すつもりでいます。これはあたりまえの最低限の道理であり、愛のめぐりによる信頼関係という調和のためでもある大切なことですから、当然のことでもあります。しかし、金融業者とは、もともと本来の意味である愛や信頼関係というものはまったくない、業者からみた私や妻はお金を儲けるための道具として適切か不適切かという見極めの上、適切と判断したから利息を払うという条件のもと、日本の法律に基づいてお金を貸し出したということ。私も返済できると思っていたから借りたわけですが、返済できなくなったので今後一切業者からは借金できないという条件で、日本の法律の下の道理に従った選択をしたということ。割り切ってポジティブに受容すると、こんな感じになりました。

そんな中、本書を通しての一つの主題ともいえる「物質世界とスピリチュアルな世界とを調和させて生きていく中での大切なこと」を、10月21日「宇宙からのおくりもの」において、この物質世界というものとスピリチュアルな世界との関係についての気づきを、ある程度まとめるに至りました。

そして、もう一つの主題である「アセンション」については、当初の日記にはさりげなく書いている程度でしたが、徐々に内容が深まっていき、より具体的に真に迫るものとなっていきました。実は、私自身も日記を書き始めた当初は、アセンションに関する情報も知識もあまり多くは持っていなかったと思います。ですから、著者である私自身も書きながら学んで教えていただいているような感じでもありました。

このたび、支えてくれたり応援してくれたりしながらタエヌの日記を書かせてくれて、さらに出版するまで導いてくださった私の知人やスピリットの皆様方には、心より深く感謝の意を表します。また、たま出版の関係者の皆様方にもあつく御礼申し上げます。

著者紹介

タエヌ

シリウス星出身。最初に地球に転生したのはアトランティス文明で、その時の名前がタエヌ。その後、エジプト文明・イスラエル、エルサレム等に輪廻転生し、日本では万葉期の御宮にて神事を行っていました。まもなくアセンションするというこの素晴らしい時に、こうして再び日本という最高の国に輪廻転生できたことを心から幸せに感じています。現在は千葉県在住。妻と中学生以下４人の子どもたちとともに、幸せな日々を過ごしています。

http://www.shuwrie.com

タエヌのスピリチュアル日記

2008年２月12日　初版第１刷発行

著　者　　タエヌ
発行者　　韮澤 潤一郎
発行所　　株式会社 たま出版
〒160-0004　東京都新宿区四谷4－28－20
☎ 03-5369-3051（代表）
FAX 03-5369-3052
http://tamabook.com
振替　00130-5-94804

印刷所　　神谷印刷株式会社

ISBN978-4-8127-0250-5 C0011